Vishal Mangalwadi

Die offene Wunde des Islam

www.fontis-verlag.com

Vishal Mangalwadi

Die offene Wunde des Islam

Antworten auf Hass und Zerstörung

fontis
BRUNNEN BASEL

Bibliografische Information der Deutschen Nationalbibliothek
Die Deutsche Nationalbibliothek verzeichnet diese Publikation in der Deutschen Nationalbibliografie; detaillierte bibliografische Daten sind im Internet über www.dnb.de abrufbar.

Die verwendeten Bibelzitate stammen,
soweit nicht anders angegeben, aus:
Hoffnung für alle®

Hrsg: Fontis – Brunnen Basel

Hervorhebungen in den Bibelzitaten stammen vom Autor.

Übersetzung: Christian Rendel, Witzenhausen

Umschlag: Spoon Design, Olaf Johannson, Langgöns
Umschlagfoto «Eiffelturm-Peace-Zeichen»: Mybona/Shutterstock.com
Umschlagfoto «Flecken»: Gradt/Fotolia.com
Satz: Innoset AG, Justin Messmer, Basel
Druck: C. H. Beck
Printed in Germany

ISBN 978-3-03848-085-3

Inhalt

Vorwort von Roland Werner

Die offene Wunde des Islam

Was für ein notwendiges Buch – im wahrsten Sinn des Wortes! Der indische Philosoph, Sozialreformer und Christ Vishal Mangalwadi schaut auf den Islam und die islamische Welt. Noch mehr, er schaut hinein in die islamische Seele, mit wachem Verstand und scharfem Blick, und zugleich mit tiefer Anteilnahme. Nur so schauen wir richtig auf das Drama, das sich im «Haus des Islam» vor unseren Augen entfaltet.

«Die offene Wunde» des Islam ist ein Buch zur rechten Stunde. Gerade für uns, die wir im Westen aufgewachsen sind, die westliche Bildung und Kultur schon mit der Muttermilch aufgesogen haben, ist die islamische Welt noch unbekanntes Land. Sicher, wir wissen manches, teils durch Lektüre oder auch dank Reisen in islamisch geprägte Länder. Sicher haben wir manche Begegnung mit Muslimen in unserer Umgebung und verfolgen die Nachrichten aufmerksam. Und doch: Wir spüren immer wieder, wie unsere Welterklärungsmuster an ihre Grenzen kommen, wie unsere Begriffe nicht greifen, wie unsere Denkvoraussetzungen und Vorstellungen seltsam ins Leere gehen.

Wir spüren: Wir wollen und wir müssen den Islam noch tiefer verstehen. Und gerade als solche, die anderen Kulturen und ihren Menschen gegenüber aufgeschlossen sind, wollen und müssen wir noch tiefer und genauer schauen und verstehen lernen. Wir wollen spüren und begreifen, was es auf sich hat mit dieser bedeutenden, nahen und doch im Tiefsten so fremden Macht, dem Islam. Wir merken: Hier begegnet uns etwas ganz anderes als das uns Gewohnte. Hier gilt die Trennung von Kirche und Staat, von Religion und Politik, von Individuum und Gemeinschaft nicht. Und wir fragen uns: Passen wir zusammen? Passen Islam und Christentum, passen Islam und Aufklärung, Islam und Demokratie zueinander?

Journalisten, Intellektuelle und viele einfache Menschen in der islamischen Welt stellen sich dieselben Fragen. Sie spüren die Herausforderungen unserer Zeit mit noch größerer Schärfe. Sie wissen, halb bewusst, halb unterbewusst, dass der Islam sich in einer gewaltigen Krise befindet, in einer Zerreißprobe, wie er sie in seiner Geschichte noch nicht erlebt hat.

Und natürlich spüren und erleben die orientalischen Christen, von denen es im Nahen und Mittleren Osten immer noch Millionen gibt, dieselben Spannungen und Verwerfungen. Anders als wir leben sie seit Jahrhunderten im islamischen Umfeld, ja unter muslimischer Oberherrschaft. Sie sind wie feine Seismographen, die als Erste jede noch so kleine Erschütterung im «Haus des Islam» zu spüren bekommen. Sie sind gewohnt, aufmerksam auf jede religiöse und politische Entwicklung zu achten, hängt doch ihr Heimatrecht, ihr kulturelles, wirtschaftliches und religiöses Überleben davon ab, ob sie sich weise und geschickt verhalten. Nicht wenige von ihnen haben in den letzten hundert Jahren ihre angestammte Heimat verlassen und im «christlichen» Westen Zuflucht gesucht. Das Schicksal der orientalischen Christenheit ist wie ein umgedrehtes Spiegelbild der sie umgebenden und mitbestimmenden islamischen Umgebung.

Es ist längst offensichtlich: Die islamische Gesellschaft steckt in einer tiefgreifenden Identitätskrise, einer Krise, die wiederum durch die Begegnung mit dem Westen, verstärkt seit etwa zweihundert Jahren, wenn nicht ausgelöst, so doch immer neu ins Bewusstsein gerückt und verschärft wird.

Eingezwängt zwischen Tradition und Moderne, zwischen patriarchalen Sippenstrukturen und modernem Individualismus, zwischen traditionellen Werten und den Botschaften der globalen Medien suchen sich die heutigen Generationen ihren Weg. Dass viele in einen unreflektierten und teilweise fanatischen Traditionalismus verfallen und nicht wenige, gerade aus der junge Generation, ihr Heil im politischen Dschihad suchen, zeigt, wie erschüttert die islamische Identität im Tiefsten ist.

Von der Wunde des Islam schreibt Vishal Mangalwadi. Er tut das mit dem Blick eines Orientalen, eines Inders, der das Miteinander und das Gegeneinander von Hinduismus und Islam im eigenen Land kennt. Und er schreibt als christlicher Philosoph, der den Westen und seine Geistesgeschichte besser kennt als viele hier bei uns.

Was ist denn diese Wunde? Ist sie rein soziologisch oder politisch? Ist sie psychologisch oder religiös? Ist sie nur individuell oder auch kollektiv? Und: Wie kann diese Wunde geheilt werden? Oder der Schmerz, den sie verursacht, zumindest gelindert werden?

Die Sehnsucht des islamischen Menschen nach Frieden und Gemeinschaft, nach Gerechtigkeit und Sinn hat ihre Wurzel in seiner tiefen Sehnsucht nach Gott. Ihn zu erkennen ist sein größter Wunsch. Und doch bleibt Gott für ihn in weiter Ferne. *Allahu akbar* – Gott ist größer: Das bedeutet auch und vor allem die absolute Transzendenz und Andersartigkeit Gottes. Auch wenn ein Mensch alle religiösen Pflichten erfüllt, bleibt Gott für ihn in weiter Ferne. Denn im Islam offenbart Gott sich nicht selbst, sondern er offenbart ein Buch. Gott selbst bleibt auf Distanz.

Auch das Leben, das unser muslimischer Freund sich ersehnt, das Leben in Harmonie und Brüderlichkeit, in Verständnis und Respekt, bleibt scheinbar ebenso unerreichbar wie Gott selbst. Auch wenn er es nicht laut auszusprechen wagt, weiß unser muslimischer Freund, dass seine Heimat die am meisten von Uneinigkeit und Bürgerkriegen gezeichnete Region der Welt ist. Wie kann das sein, wenn der Islam doch die «wahre Religion» ist? Und wenn die islamische Gesellschaft, die *umma,* die beste aller Gemeinschaften ist? Woher kommen Entzweiung und Hass, Unduldsamkeit und Gewalt? Wo bleibt der Friede, *salam,* zu dem der *islam,* die «Befriedung», die Unterwerfung unter Gott doch führen sollte?

Die holländische Islamwissenschaftlerin Hanna Kohlbrugge beschrieb die innere Wunde der islamischen Gemeinschaft, die schmerzliche Erfahrung der Krise, die ihrer Überzeugung nach im Tiefsten eine religiöse Krise ist, mit dem Bild und Begriff der «Weltnacht». Seit der Offenbarung, die der Prophet in Mekka und Medina empfangen hat, schweigt Gott. Dieses Schweigen

Gottes ist unerträglich. Wie auch Mangalwadi ist Kohlbrugge überzeugt, dass die Wunde erst dann heil werden kann, wenn aus der «Weltnacht» endlich «Heilige Nacht» wird, wo die Himmel sich neu öffnen und das Licht der Liebe und Vergebung in die Herzen strahlt. Wenn wir selbst von diesem Licht erwärmt und erleuchtet sind, können wir mithelfen, dass diese Heilung Wirklichkeit wird.

Dr.phil. et theol. Roland Werner, Marburg

1 Saddam Hussein zu Gast im Weißen Haus

Deine Großmutter hatte sich das Brot vom Mund abgespart, um dein Grundstück zu kaufen. Dein Großvater hatte den Brunnen ausgehoben und die herrlichen Bäume gepflanzt. Deine Eltern hatten ihren Urlaub geopfert, um dein Haus zu bauen.

Sie hatten die Beziehungen an deinem Wohnort gehegt und gepflegt, die dir so kostbar sind. Deine Frau und deine Kinder genossen dieses Erbe, das du empfangen hast.

Plötzlich tauchten wie aus dem Nichts die Terroristen mit ihren Panzern auf. Sirenengeheul und Bombenangriffe aus der Luft folgten. Einige Baracken wurden zerstört, aber es war dein Sohn, der ums Leben kam. Er saß gerade im Mathematikunterricht und träumte davon, Ingenieur zu werden. Da zerrten ihn die Dschihadisten heraus, damit er Sandsäcke schleppte. Sie brauchten ihn, um eine notdürftig aufgebaute Baracke zu befestigen, aber sie wurde getroffen, bevor dein Junge mit seiner Arbeit fertig war.

Während du um den sinnlosen Verlust deines einzigen Sohnes trauertest, zogen die Dschihadisten in dein gut gebautes Haus ein. Deine Frau und deine Töchter wollten das Essen nicht anrühren, das deine großzügigen Nachbarn deiner trauernden Familie zur Verfügung stellten. Aber sie mussten kochen – für deine nichtzahlenden Gäste.

Die Dschihadisten drohten dir nicht. Du überließest ihnen

dein Haus, um den letzten Bus aus der Stadt zu nehmen. Es ging das Gerücht um, dass für eine Weile keine zivilen Busse mehr fahren würden. Du wolltest nicht, dass deine Töchter unter einem Dach mit diesen fremden bewaffneten Männern lebten – religiös, aber süchtig nach Drogen, Gewalt und Sex.

«Macht euch unseretwegen keine Sorgen», beruhigten die Dschihadisten deine Frau. «Nehmt eure beiden Töchter mit. Mit dem nächsten Kontingent kommen junge jesidische Frauen mit. Unsere Einheit hat genug von ihnen gefangen genommen. Die werden uns versorgen und sich um euer Haus kümmern.»

Du hast das Pech, zu den über fünfzehn Millionen Menschen zu gehören, die zwischen 2001 und 2015 aus ihrer Heimat vertrieben wurden.[1] Genau wie du waren auch sie unzufrieden mit Saddam Hussein im Irak und Baschar al-Assad in Syrien. Aber sie liebten auch die Geborgenheit ihrer vertrauten Umgebung.

Jetzt sorgen sich deine Leidensgenossen darum, ob auch ihre Elternhäuser zu Schutt und Asche zerbombt werden.

Werden sie je ein Zuhause für ihre Enkelkinder aufbauen können? Wie wird ihr Land wohl heißen, wenn sie zurückkehren? Werden sie überhaupt jemals zurückkehren können?

Sie wissen, dass sie sich ihre Heimatlosigkeit weder ausgesucht haben noch schuld daran sind. Aber wer daran schuld ist, wissen sie nicht.

Ist das Leid ihr Schicksal? Oder ist es eine Gelegenheit, zu lernen, wie sie für ihre Kinder eine bessere Zukunft und für ihre Enkelkinder ein besseres Land aufbauen können?

In Hunderttausenden von Zelten und Unterkünften für Flüchtlinge debattieren Millionen entwurzelter Menschen darüber, ob es Allahs Wille ist, dass sie in diese Lage geraten sind. Hätte die Geschichte auch anders oder besser verlaufen können?

Welche falschen Richtungen haben ihre Herrscher und religiösen Führer eingeschlagen?

War diese Katastrophe das Werk von Menschen, das Werk Gottes oder das des Teufels?

Wer trägt die Schuld? Muslimische Diktatoren oder Dschihadisten? Sunniten oder Schiiten? Amerikaner oder Russen? Der Säkularismus, das Christentum oder der Islam?

Ist es der Kapitalismus – die Gier des Westens nach Öl und Gas? Oder ist es die Rüstungsindustrie, die Profite machen möchte, indem sie altes Inventar verkauft, um wieder neue Waffen zu produzieren?

Manche Flüchtlinge nehmen allen Mut zusammen und äußern hinter vorgehaltener Hand heimliche Zweifel:

Befolgt der «Islamische Staat» (IS), entstanden aus Bewegungen, die als ISI, ISIS, ISIL und Daesh bekannt sind,[2] den ursprünglichen Islam?

Stimmt es, dass Toleranz keine muslimische Tugend ist?

Entführen Dschihadisten Frauen und machen sie zu Sexsklavinnen, *weil* sie ihrem Propheten folgen?

Warum fürchtet der Islam die Freiheit der Bürger so sehr?

Wie können wir muslimische Länder als freie, gerechte und tolerante Nationen neu aufbauen?

Am 13. November 2015 griffen mindestens acht dschihadistische Terroristen Paris an. Sie töteten 130 Zivilisten und verwundeten weitere 367, bevor fünf von ihnen selbst getötet wurden. Eine Woche später marschierten viele Muslime durch die

Straßen von Paris und Toulouse, um den selbst ernannten Islamischen Staat (IS) anzuklagen. Ihre Plakate verkündeten: «ISIS ist das Krebsgeschwür im Leib des Islam. Paris geschah nicht in unserem Namen! Wir sind nicht so!» (EuroNews TV). Nicht jeder muslimische Flüchtling ist allerdings der gleichen Meinung wie diese französischen Muslime. Und doch: Während manche den IS unterstützen, finden andere, der Islam, den sie erlebt haben, sei ernsthaft krank. Sie fragen:

Wird die Strategie der Dschihadisten, die Welt durch Terror zu bezwingen, letzten Endes dazu führen, dass alle Welt sich gegen die Muslime vereinigt?

Die Leute, die die Zwillingstürme des World Trade Center zerstörten, waren intelligent genug, um Jumbojets zu fliegen. Dumme Leute machen sich keine Sprengstoffwesten. Aber ist es intelligent oder heldenhaft, durch Selbstmordattentate Zivilisten umzubringen? Oder besteht wahres Heldentum darin, das eigene Leben zu riskieren, um andere zu retten?[3]

Durch Terrorangriffe schüren fromme muslimische Führer im Westen Feindseligkeit gegenüber den Flüchtlingen.

Hetzen sie auch die europäischen Muslime dazu auf, die Deutschen und die Franzosen zu hassen?

Viele Flüchtlinge fragen sich: Was ist aus unserer «Religion des Friedens» geworden, wenn jetzt Imame den Koran zitieren, um Gewalt zu befürworten? Nachdenkliche Muslime stellen die Frage: Braucht Gott Hass und Gewalt aus religiösen Motiven, um den *Kayamat*, den Tag des Gerichts, herbeizuführen, wie es der «apokalyptische Islam» sowohl der Sunniten als auch der iranischen Schiiten lehrt?

Wird diese Spiritualität des Hasses, so die Sorge vieler Flüchtlinge, den Islam dazu treiben, sich in einem blutigen Konflikt zwischen Sunniten und Schiiten aufzureiben?

Und wer lenkt wirklich das Weiße Haus – Gott oder der Teufel?

Hat Gott Präsident George W. Bush dazu bewegt, im Irak einzumarschieren, um ein sunnitisches Minderheitsregime durch eine mehrheitlich schiitische Regierung zu ersetzen? Wusste Gott denn nicht, dass die Sunniten sich gegen die schiitische Unterdrückung wehren würden? Er muss doch gewusst haben, dass eine unausgereifte oder tot geborene Demokratie schlimmer sein würde als eine Diktatur. Hat denn niemand Bush gesagt, dass es sowohl intellektueller als auch geistlicher Vorbereitung bedarf, eine so zarte Pflanze wie die Demokratie in den steinigen Boden des Islam zu verpflanzen?

Wenn Bush doch ein Christ war, hätte er dann nicht auch in seiner Außenpolitik Christus nachfolgen können? Will denn Christus nicht *alle* Völker segnen? Was wäre geworden, wenn Bush, nachdem er in Afghanistan gesiegt hatte, nicht im Irak einmarschiert wäre, sondern Saddam Hussein 2002 zu Thanksgiving ins Weiße Haus eingeladen hätte?

Hätte George W. Bush einen muslimischen Diktator als Bruder und als Sünder wie er selbst in die Arme schließen können?

Was wäre, wenn Bush Saddam in die Augen geschaut und gesagt hätte: «Bruder Saddam, Amerika hat einen blutigen Bürgerkrieg geführt. Rassismus ist bis heute die hartnäckige Sünde Amerikas. Manche Leute schaffen es bei uns einfach nicht, andere mit der Würde zu behandeln, die sie für sich selbst beanspruchen. Deshalb verstehe ich es, wie schwer es für dich ist, ein so tief gespaltenes Land wie deines zu regieren.

Du hast eine religiöse Vorgeschichte ererbt, die es schier unmöglich macht, Schiiten und Sunniten zu einem friedlichen Gemeinwesen zusammenzuschweißen. Geistliche müssen die Lehren predigen, an die sie glauben. Aber unsere Rolle als Führer pluralistischer Gesellschaften ist es, dafür zu sorgen, dass jeder vor dem Gesetz gleich behandelt wird: dass jeder dieselbe Würde, dieselben Rechte und Möglichkeiten hat; dass gegenseitiger Respekt auch über dogmatische Gegensätze hinweg gelten muss.

Bruder Saddam, es gibt einflussreiche Gruppen, die den Irak in ein schiitisches, ein sunnitisches und ein kurdisches Territorium aufteilen möchten. Andere glauben, diese Volksgruppen könnten mit Gewalt zusammengehalten werden, auch wenn dadurch verhindert würde, dass sie zusammenwachsen können, um einen starken Irak aufzubauen. Es scheint sehr naheliegend zu sein, die Nation entweder zu zerteilen oder zum Zusammenbleiben zu zwingen. Aber damit bliebe dein Land an eine unselige Vorgeschichte gefesselt.

Du kannst einen neuen Irak aufbauen. Gott hat dir die Gelegenheit gegeben, etwas zu tun, wozu noch niemand in der Lage war – ein friedliches Land aufzubauen, in der ein Schiit ebenso in Freiheit sein Glück finden kann wie ein Kurde, ein Sunnit, ein Christ, ein Jude oder ein Hindu. Gemeinsam können sie dazu beitragen, dass der Irak zu einem Segen für die Welt wird.»

Siebenhundert Jahre vor der Geburt des Herrn Jesus Christus sagte der Prophet Jesaja voraus, eines Tages würden Ägypten,

Assyrien (Syrien und Irak) und Israel sich zusammentun, um der ganzen Welt zum Segen zu werden. Jesaja prophezeite: «In dieser Zeit wird eine Straße von Ägypten nach Assyrien führen. Die Assyrer und Ägypter besuchen einander und dienen gemeinsam dem Herrn. Israel ist dann der Dritte im Bunde, ein Segen für die ganze Erde. Der HERR, der allmächtige Gott, wird sich diesen Völkern zuwenden und sagen: ‹Ich segne euch Ägypter, ihr seid mein Volk! Ich segne auch euch Assyrer; ich habe euch geschaffen. Und ich segne euch Israeliten; ihr gehört zu mir›» (Jesaja 19,23–25).

«Bruder Saddam, warum versuchst du, die Iraker mit Gewalt zusammenzuhalten? Gott möchte sie zusammen mit den Ägyptern und Israelis einen, damit sie anderen Völkern Heil bringen. Das kann niemals durch Gewalt geschehen. Gott hat dich an den strategischen Platz gestellt, um eure tragische Geschichte und eure grauenhafte Gegenwart zu verändern. Deshalb bitte ich dich: Erlaube mir, dir als dein Freund zu helfen.

Wir beide brauchen Gottes Gnade, um in führender Position Menschen zu dienen, die uns nicht vertrauen. Können wir gemeinsam versuchen, Gottes Gnade zu erlangen, damit wir die Fehler der Vergangenheit überwinden und demütige Führer werden? Können wir Brücken bauen über die tiefen Schluchten, die unsere Welt zerteilen?

Deine Vorgänger und viele deiner Zeitgenossen haben sich allein auf das Schwert verlassen. Du hast die Macht, es mit dem ‹schmalen Weg› aufopfernden Dienstes zu versuchen – dem Weg des Kreuzes. Ich gehe mit dir, wenn du diesen Weg einschlägst. Das Kreuz und nicht das Schwert wird dich dahin bringen, dass die schiitische Mehrheit im Irak zu dir als einem fairen und verlässlichen Freund Vertrauen fasst.»

Leider hat es ein solches Treffen 2002 nicht gegeben. Stattdessen marschierte Präsident Bush 2003 an der Spitze einer von der UNO sanktionierten Koalition im Irak ein. Es kostete fast drei Billionen Dollar, einen sunnitischen Diktator durch demokratisch gewählte, aber korrupte, repressive und inkompetente schiitische Herrscher zu ersetzen. Eine repressive, sektiererische «Demokratie» trieb die sunnitische Minderheit des Irak in die Arme der Al-Qaida im Irak (AQI), die sich später selbst zum Islamischen Staat im Irak (ISI) erklärte. Hat Amerika Osama Bin Laden und Saddam Hussein nur besiegt, um zum Geburtshelfer des Islamischen Staates zu werden?

Wir können uns in den tödlichen Strömungen unserer diabolischen Gegenwart hilflos treiben lassen. Es ist nicht allzu schwer, sich eine bessere Vergangenheit zu erträumen. Die Herausforderung ist, die Vergangenheit kritisch zu prüfen und zu verstehen; das Wagnis einzugehen, die Gegenwart durch den Glauben zu überwinden, und darauf hinzuarbeiten, dass Jesajas großartige Zukunftsvision Wirklichkeit wird.

Lasst uns nun zu Beginn dieses gemeinsamen Weges betrachten, wie sich der Traum eines gewaltlosen «Arabischen Frühlings» von 2011 in einen Totentanz der Demokratie und in den syrischen Albtraum eines Islamischen Staates verwandelte.

2 Der Arabische Frühling: Ein Totentanz der Demokratie

«Märtyrerin» Zahran im NASA-Raumschiff zum Mars?

«NASA-Rakete wird Namen einer Ägypterin tragen, die bei Protesten getötet wurde», berichtete einer der angesehensten Nachrichtendienste Indiens, NDTV.com (11. Februar 2011).

NDTV zitierte aus der Onlineausgabe der ägyptischen Zeitung «Al-Masry al-Youm». Ein junger NASA-Wissenschaftler, Essam Mohamed Haji, behauptete, er habe von der NASA die Genehmigung erhalten, Sally Zahrans Namen auf einem Mikrochip zu speichern und in einem Raumschiff auf den Weg zum Mars zu schicken. Die Onlinezeitung zeigte ein Foto der Aufschrift:

Teilnahmezertifikat
Sally Zahran
Du bist Teil der Geschichte
Dein Name wird zum Mars reisen
auf einem Mikrochip im Mars Science Laboratory Rover
der NASA
(8. Februar 2011)

Die hübsche dreiundzwanzigjährige Sally Zahran marschierte am 28. Januar 2011 beim ägyptischen «Tag des Zorns» mit. Die

Sicherheitskräfte des später aus dem Amt vertriebenen ägyptischen Diktators Mubarak prügelten sie zu Tode.[4]

Sie hätte leicht eine von vielen auf der Ehrenliste der Märtyrer bleiben können. Doch Zahran wurde zum Gesicht des idealistischen, gewaltlosen Protestes der Ägypter gegen eine korrupte Diktatur. Die Bewegung des Arabischen Frühlings pflasterte ganz Ägypten mit Plakaten von elf Märtyrern zu. Das größte Foto zeigte Zahran, die einzige weibliche «Märtyrerin», umgeben von zehn Männern.

Manche Muslime, die eigentlich gegen den Diktator waren, also mit den Protesten für «Freiheit» sympathisierten, schwärzten ihr Gesicht auf jenen Plakaten. Es ging ihnen gegen den Strich, ein unverschleiertes Frauengesicht als Ikone zu projizieren. Das war verderblich für die ägyptische Jugend. Daraufhin tauchten neue Plakate auf, auf denen ihr Gesicht züchtig bedeckt war.

Zahran hatte Anglistik studiert und arbeitete als Übersetzerin. Sie war eine von mehreren Hundert Ägyptern, die mit ihrem Leben dafür bezahlten, eine repressive Diktatur durch Demokratie zu ersetzen. Diese ägyptischen Märtyrer für die Demokratie wurden zu Katalysatoren für die demokratische Bewegung in vielen muslimischen Ländern von 2010 bis 2012.

Doch die gewaltlosen Proteste schlugen bald in Gewalt um. Gemeinsam vertrieben sie die Machthaber in Tunesien, Ägypten, Libyen und Jemen aus ihren Palästen. Sie lösten Bürgeraufstände in Bahrain und Syrien aus. Zu heftigen Protesten kam es in Algerien, Irak, Jordanien, Kuwait, Marokko und Sudan. Aber auch aus der Westsahara und Mauretanien, Palästina, Saudi-

Arabien, Dschibuti und Oman gab es Berichte über kleinere Protestkundgebungen.

Manche dieser Proteste eskalierten zu Kriegen. Bei anderen wiederum kam nichts Greifbares heraus. Doch eines machten sie deutlich: Islamische Länder haben schwerwiegende Probleme, die gelöst werden müssen.

Das Schicksal von Sally Zahran illustriert manche Facetten dieser Probleme. Viele von denen, die die Proteste gegen die Diktatoren begannen, wollten Freiheit für alle, ihre Meinungen über öffentliche Angelegenheiten kundzutun. Sie wollten, dass eine muslimische Frau die Freiheit hatte, sich ohne Schleier und ohne Bedrohung in der Öffentlichkeit zu zeigen, wenn sie das wünschte. Die Demonstranten waren der Meinung, Männer und Frauen sollten genauso behandelt werden, wie es in den Gesetzen der westlichen Welt der Fall ist.

Dann jedoch wurden diese Proteste von Dschihadisten instrumentalisiert, die etwas ganz anderes im Sinn hatten. Ihrer Meinung nach waren die Diktatoren keine guten Muslime, weil sie ihre Macht nicht dazu gebrauchten, das islamische Recht durchzusetzen – die Scharia. Die Scharia respektiert zwar Frauen in vieler Hinsicht, aber nicht im Sinne einer Gleichberechtigung. Sie spricht Männern doppelt so viel Anteil am Erbe zu wie Frauen. Die Zeugenaussage eines Mannes hat so viel Gewicht wie die von zwei Frauen. Religiöse Männer haben das Recht, Frauen für Sex zu versklaven. Auch Ungläubige haben nach der Scharia nicht dieselben Rechte wie Gläubige. Ungläubige müssen eine hohe Steuer zahlen, die Dschizya, bis sie sich bekehren.

Die ursprünglichen Demonstranten des Arabischen Frühlings wollten eine Demokratie nach westlichem Vorbild. Sufi Muhammad von den Taliban dagegen erklärte: «Wahrer Islam erlaubt weder Wahlen noch Demokratie.» Die Aufgabe eines Herrschers ist es, Gottes Scharia durchzusetzen. Denn die Vollmacht des Herrschers kommt von Gott, vermittelt durch seinen Kalifen und die islamische Tradition, nicht vom Volk. Das Gesetz Gottes darf nicht durch Wahlen verwässert werden.

Den «modernen» muslimischen Demonstranten standen also «militante» islamische Demonstranten gegenüber. Die erste Gruppe strebte nach Bürgerfreiheit, einschließlich der Freiheit für Frauen, sich mit oder ohne Schleier bewegen und sich einem öffentlichen Protest von nationaler Bedeutung anschließen zu können. Die zweite Gruppe, der es um den «reinen» Islam ging, erhob Einwände gegen Zahrans unverschleiertes Bild auf den Plakaten.

Eine dritte gesellschaftliche Kraft leugnete, dass Sally Zahran von Sicherheitskräften getötet worden sei. Dieser Gruppe schloss sich ihre Familie an und erklärte, Sally habe möglicherweise Selbstmord begangen oder sei aus dem neunten Stock eines Hochhauses gestürzt. Bisher gibt es keine Gewissheit darüber, ob Sally getötet wurde oder sich selbst umbrachte. Viele Ägypter, die ihre Kultur kennen, haben den Verdacht, dass die Familie unter Druck gesetzt wurde, die Wahrheit durch eine Fabel zu ersetzen.

Im Westen gibt es öffentliche Institutionen, die dazu da sind, schwache Bürger zu schützen. In vielen Kulturen hingegen kann eine unbewaffnete junge Frau auf dem Weg zu einer Protestversammlung ermordet werden. Die institutionalisierten Kräfte, die die Macht über das Recht stellen, können auch ihre Brüder bedrohen. Lag für Sallys zwei Brüder die Rettung darin, die Wahrheit über ihren Tod zu verschleiern? Konnte eine Gesellschaft, der das moralische Rückgrat fehlt, eine Mutter in ihrem Verlangen nach Wahrhaftigkeit zu bestärken, eine trauernde Mutter so sehr einschüchtern, dass sie öffentlich die Mörder ihrer Tochter verteidigte und die Schuld dem Opfer zuschob?

Eines Tages wird sich die Wahrheit herausstellen. Hier geht es nur darum, dass die ursprüngliche Version über Zahrans Tod dazu beitrug, eine dreißigjährige Diktatur in Ägypten zu beenden.

Doch sowohl die gemäßigten Muslime als auch die westlich eingestellten Liberalen waren von der Demokratie bald enttäuscht. 2011 fanden Wahlen statt. Doch gemäßigte, westlich eingestellte Muslime wie Sally Zahran konnten die Ägypter nicht wählen. Die pro-demokratischen Parteien waren gespalten, und ihre Wählerschaft splitterte sich auf. Die Folge war, dass am 24. Juni 2012 Mohammed Mursi zum ägyptischen Präsidenten gewählt wurde.[5] Er war der Kandidat der Muslimbruderschaft, die gegen die Fotos der unverschleierten Zahran protestiert hatte. Nach der Überzeugung der Bruderschaft haben im Islam Schwestern nicht die gleichen Rechte wie Brüder. Doch sie war die bestorganisierte militante/gesellschaftliche Kraft in Ägypten. Wie wir in einem späteren Kapitel sehen werden, war die Bruderschaft der Brückenkopf für das Wiedererstarken eines übernationalen, reinen, autoritären, dschihadistischen Islam. Sie machte Mohammed Mursi zum ersten islamistischen Oberhaupt eines arabischen Staates.

Dieser Erfolg war jedoch nur von kurzer Dauer. Gemäßigte Muslime wie Sally Zahran kamen gemeinsam mit dem säkularisierten Militär Ägyptens zu dem Schluss, eine Militärdiktatur sei immer noch besser als eine muslimische Diktatur. Also warf am 3. Juli 2013 der Verteidigungsminister des Präsidenten, Abd al-Fattah as-Sisi, Präsident Mursi im Zuge eines Militärputsches ins Gefängnis. Unterstützt wurde as-Sisi sowohl von dem Oppositionsführer Mohammed el-Baradei als auch von dem Groß-Imam der al-Azhar-Moschee, Ahmad el-Tayyeb, Ägyptens oberstem Richter und damit neuem Regierungschef. Gedeckt von Tayyebs Richteramt begann das Militär, «brutal» gegen die Muslimbruderschaft vorzugehen.

Diejenigen, die Sally Zahran als Märtyrerin feierten, lernten die bittere Lektion, dass es, um Freiheit aufzurichten, nicht ausreicht, einen Diktator zu entthronen. Über dieses höchst wichtige Thema für die Zukunft der islamischen Welt spricht kaum jemand: Was für ein Wandel in der Weltsicht muss stattfinden, damit Nationen entstehen, in denen eine Sally Zahran die Freiheit hat, zu Fuß zu einer öffentlichen Versammlung zu gehen?

Tunesien: Der Beginn des Arabischen Frühlings

Der Arabische Frühling war eine spontane Volksbewegung, um die Wiege der menschlichen Zivilisation – Westasien, den Nahen Osten und Nordafrika – zu modernisieren und zu demokratisieren. Diese Bewegung ging davon aus, dass es möglich sei, die islamische Kultur zu demokratisieren. Die Interessen der korrupten Regime in Ägypten, Libyen und Syrien standen dabei ebenso im Konflikt mit den Gemäßigten wie die der «reinen» Islamisten wie der Muslimbruderschaft und Al-Qaida. Zwischen dem 17. Dezember 2010 und dem 11. März 2011 töteten Muslime mindestens zehntausend ihrer Glaubensgenossen. Das löste einen Steppenbrand innerhalb des Islam aus, der nach Veränderung schrie. Dieser Steppenbrand im Innern vermischte sich mit den Jahrzehnte alten Bränden, die ihren Ursprung im Westen hatten. Die Kulturen prallten aufeinander.

Als Auslöser für diese feurigen inneren Proteste gegen Korruption und Unterdrückung darf Mohamed Bouazizi gelten. Er war ein sechsundzwanzig Jahre alter tunesischer Straßenhändler.

Bouazizi war erst drei Jahre alt, als sein Vater an einem Herzanfall starb. Seine Mutter heiratete seinen Onkel, der jedoch krank wurde und nicht in der Lage war, die Familie mit seinen sechs Stiefkindern zu ernähren. So musste Bouazizi schon mit zehn Jahren arbeiten gehen. Als er achtzehn war, musste er seine Bildungsambitionen aufgeben. Er musste seine Mutter, seinen Onkel und seine Geschwister unterstützen. Durch harte Arbeit konnte er einer seiner Schwestern das Universitätsstudium ermöglichen.

In einem Land mit einer Arbeitslosenquote von über dreißig Prozent hatte Bouazizi nur wenige Möglichkeiten. Alle seine Bewerbungen wurden abgewiesen. Er borgte sich Geld, um Gemüse zu kaufen und es auf den Straßen weiterzuverkaufen.

Die Geschäfte liefen gut genug, dass er davon zu träumen begann, einen Lieferwagen anzuschaffen. Die Schwierigkeit jedoch war, sein dürftiges Einkommen vor den Beamten einschließlich der Polizei in Sicherheit zu bringen.

Seine Steuern finanzierten die Polizei, damit sie ihn, sein Eigentum und sein Geschäft schützte. Trotzdem knöpfte die Polizei schwer arbeitenden Leuten wie ihm regelmäßig Bestechungsgelder ab. Manche der Polizisten besuchten sogar dieselbe Moschee wie er. Doch sie missbrauchten ihre Uniformen als Freibrief, um ihre Brüder auszubeuten. An säkularen, westlich geprägten Universitäten wurden Verwaltungstechniken und professionelle Werte gelehrt, aber Tugend und Charakter sind nicht Teil der Ausbildung. In den Moscheen wurde die Korruption verdammt, aber niemand ergriff effektive Maßnahmen, um ehrliche Beamte auszubilden und zu unterstützen.

Der Tropfen, der für Bouazizi das Fass zum Überlaufen brachte, war die Demütigung, die er am 17. Dezember 2010 über sich ergehen lassen musste. Am Abend zuvor hatte er sich zweihundert Dollar geliehen, um früh am nächsten Morgen sein Gemüse einzukaufen. Um acht Uhr morgens war er auf den Straßen unterwegs, um es zu verkaufen. Doch um halb elf stellte sich ihm Faida Hamdy, eine fünfundvierzigjährige städtische Beamtin, mit ihrem Gefolge in den Weg. Sie verlangte für ihre Abteilung eine Beteiligung an seinem Umsatz. Bouazizi hatte noch nicht einmal genug eingenommen, um die Zinsen für sein Darlehen zu bezahlen. Dennoch verlangte sie angeblich ihren Anteil zuerst. Sie traktierte ihn mit Ohrfeigen, spuckte ihn an, beschlagnahmte seine wertvolle elektronische Waage und stieß seinen Gemüsekarren um. Eine solche öffentliche Demütigung durch eine rücksichtslose, arrogante Räuberin mit Beamtentitel konnte der hart arbeitende junge Mann nicht hinnehmen!

Aufgebracht marschierte Bouazizi zur Stadtverwaltung, um sich zu beschweren. Dass die Stadtverwaltung das Hauptquartier der öffentlichen Räuberbande war, in deren Dienst Frau Hamdy stand, machte er sich nicht klar. Es war ja ihr Job, den mühsam erarbeiteten Wohlstand der Massen abzuschöpfen. Als er nicht vorgelassen wurde, setzte sich Bouazizi vor die Stadtverwaltung, übergoss sich mit einer entzündlichen Flüssigkeit und steckte sich in Brand. Siebzehn Tage später starb er an Verbrennungen dritten Grades.

Bouazizis Selbstverbrennung und seine Behandlung durch die Behörden wurden rasch zum auslösenden Funken für den Bürgerzorn. Sein mühseliger Kampf, sich mit Würde über Wasser zu halten, verkörperte in den Augen vieler junger Idealisten die Schwierigkeiten, mit denen Tunesier sich im Alltag herumschlugen. Frustrierte Uni-Absolventen, die keine Arbeit fanden, hatten genug Zeit, um auf die Straße zu gehen. Sie identifizierten sich so vollständig mit ihm, dass sie von ihm redeten, als wäre er einer von ihnen.

Am 4. Januar 2011 starb Bouazizi an seinen Verletzungen. Bis dahin hatten sich die tödlichen Demonstrationen schon über ganz Tunesien ausgebreitet. Oppositionsgruppen riefen zum Sturz des korrupten, tyrannischen Regimes von Präsident Zine el-Abidine Ben Ali auf. Weder durch brutale Unterdrückung der Aufstände noch durch Zugeständnisse konnte das Regime die Opposition besänftigen. Es hagelte internationale Kritik.

Bis zum 14. Januar brachten die Aufständischen in Tunis Präsident Ben Ali dazu, zurückzutreten und aus Tunesien zu fliehen. In dreiundzwanzig Jahren Missherrschaft hatte er das schöne Tunesien zu Grunde gerichtet.

Fünf Jahre später räumte Faida Hamdy in einem Interview mit der britischen Zeitung «The Daily Telegraph» ein, dass sie mit ihrem rücksichtslosen Vorgehen die katastrophalen Umwälzungen in den muslimischen Ländern ausgelöst hatte. Sie klagte: «Wenn ich die Region und mein Land betrachte, bedaure ich alles. Überall Tod, der Extremismus blüht und tötet die besten Seelen.»

Arbeitslose Jugendliche hatten reichlich Zeit, sich mit sozialen Medien wie Facebook und Twitter zu beschäftigen. Statt der Presse, der Moscheen, der Islamschulen, der Universitäten oder politischen Foren waren es diese unregulierten Medien, die aus dem spektakulären Erfolg der tunesischen Proteste den verheerenden Flächenbrand werden ließen, der Sally Zahran verschlang.

Ägypten

In den sozialen Medien wurde Sally Zahran zum Idol. Das brachte die Jugendlichen hinaus auf den Tahrir-Platz in Kairo, den Platz der Freiheit. Die Jugendlichen skandierten nicht bloß platte Sprüche. Sie legten den Finger auf gefährliche Krebsgeschwüre, die ihr Gemeinwesen zerstörten. Abdou Abdel-Moneim Jaafar, ein neunundvierzig Jahre alter Restaurantbesitzer, erbrachte den Beweis dafür, wie ernst sie es meinten. Er folgte Bouazizis Beispiel und setzte sich vor dem ägyptischen Parlament selbst in Brand. Verzweiflungstaten wie diese zwangen am 11. Februar 2011 den ägyptischen Präsidenten Hosni Mubarak zum Rücktritt. Während der dreißig Jahre seiner Missherrschaft soll seine Familie auf Kosten des Volkes achtzig Milliarden Dollar an sich gerafft haben.

Diese Befreiung von korrupten Diktaturen in Tunesien und Ägypten schürte das Feuer der Freiheit in den unterdrückten Ländern noch mehr. Auch in Libyen und Syrien sah sich die traditionelle islamische Kultur dieser «westlichen» Bedrohung durch Moderne und Demokratie gegenüber.

Libyen

Oberst Muammar al-Gaddafis Regime in Libyen war nicht schlimmer als das in anderen muslimischen Staaten. Es brachte berechtigte Fragen zum Schweigen, unterdrückte rivalisierende Stämme und förderte in den 1970er und 1980er Jahren den Terrorismus. Gaddafi ließ führende Oppositionspolitiker ermorden und herrschte durch Vetternwirtschaft. Die Kontrolle über das libysche Öl versetzte Gaddafis Familie in die Lage, ein Vermögen von schätzungsweise siebzig Milliarden Dollar anzuhäufen. Mit der Beute erkaufte er sich auch die Loyalität seines Stammes. Mit dem Öl wurden darüber hinaus ausländische

Söldner bezahlt, die Gaddafis Bande einundvierzig Jahre lang an der Macht hielten. Der gottgegebene Reichtum des Landes musste zur Finanzierung offizieller Milizen herhalten, die zwei Generationen lang seine Gegner unterdrückten.

Dennoch sahen viele Muslime und Afrikaner in Gaddafi einen Helden, der sich dem mächtigen amerikanischen Präsidenten Ronald Reagan entgegenstellte. Die westlichen Medien fanden reichlich Stoff, um ihn als skrupellosen Schurken zu porträtieren. Freilich sah sich der Westen nicht in der Pflicht, die Libyer vor seiner Tyrannei zu schützen – bis westlich geprägte Muslime auf den Gedanken kamen, um solche Hilfe zu bitten. Mit der ungerechtfertigten Überreaktion des Westens werden wir uns im nächsten Kapitel beschäftigen. Hier reicht es aus, zu erwähnen, dass Gaddafis Brutalität bei anderen ölreichen muslimischen Regierungen keinerlei Gewissensbisse verursachte: Nicht ein einziger muslimischer Politiker oder Imam machte Anstalten, auf politische Reformen in Libyen hinzuwirken.

Oberst Gaddafi bezeichnete sich selbst nicht als Diktator, sondern als den *Vater* eines der reichsten Länder in ganz Afrika. Doch als seine «Kinder» sich gegen seine Tyrannei erhoben, schickte er Panzer, um sie zu zermalmen.

Im staatlichen Fernsehen geißelte der «Vater Libyens» seine protestierenden Kinder als «Ratten und Kakerlaken». Westliche Medien stellten seine Wortwahl der Art und Weise gegenüber, wie demokratische Führer über ihre Wähler reden. Der Westen, der ihn sowieso loswerden wollte, nutzte seine sprachlichen Entgleisungen, um die Unterstützung der westlichen Wähler für ihre Pläne zur Beendigung seiner Diktatur zu gewinnen.

Wäre Gaddafi cleverer gewesen, so hätte er sich der Sprache der Evolution bedienen können. Er hätte die Menschen als biochemische Organismen beschreiben können, die sich metaphysisch nicht von seelenlosen Amöben und Kakerlaken unterschieden. Säkulare Professoren hätten seiner animalistischen Philosophie beigepflichtet.

Auch die Multikulturalisten hätten Gaddafi verteidigt: «Wenn der Wert eines Menschen von der Gesellschaft festgelegt wird», hätten sie argumentiert, «dann kann der Westen muslimische Nationen doch nicht dazu zwingen, ‹abtrünnigen› Muslimen oder rivalisierenden Stämmen Menschenwürde beizumessen.»

Die ungehobelte Sprache und die brutale Unterdrückung friedlicher Proteste waren nicht Gaddafis einzige Probleme. Er hatte auch reichlich Öl und dazu politische Gegner im eigenen Land. Also ersetzten Frankreich, Großbritannien und die USA, ausgerüstet mit einer UNO-Resolution, Gaddafi durch eine Demokratie. Viele gingen davon aus, Frankreich wolle Libyen in eine Ölkolonie für sich selbst verwandeln, während Saudi-Arabien für Amerika zu sein schien. Wie dem auch sei, am 20. Oktober 2011 wurde Gaddafi getötet.

Der Tod des Diktators löste einen Tsunami euphorischen Jubels in ganz Libyen aus (außer bei seinem eigenen Stamm). Die westlichen Mächte klopften sich für den Erfolg ihres «moralisch gebotenen» Militärfeldzuges selbst auf die Schulter. Die Libyer hatten nun die Gelegenheit, nach zweiundvierzig Jahren

Diktatur eine Demokratie zu errichten. Aber der demokratische Frühling übersprang den Sommer der Freiheit. Er ging direkt über in den Herbst und in eine Mini-Eiszeit des Todes und der Zerstörung.

Drei Jahre später, 2014, war Libyen zu einem gespaltenen Land geworden, mit zwei Regierungen und Parlamenten, die sich gegenseitig erbittert bekämpfen. Libyer führen Krieg gegeneinander um die Kontrolle ihrer nationalen Schätze. Der Islamische Staat (IS) und andere muslimische Milizen haben Fronten eröffnet, um so viel von Libyens Öl, seinen Bodenschätzen und Ländereien an sich zu reißen, wie sie nur können.

Gaddafis Sturz brachte keinen Frieden. Er löste einen Bürgerkrieg mit vielen Facetten aus. Zu viele Kräfte kämpfen gegeneinander um die Kontrolle über das Öl. Infolgedessen stürzte die Ölförderung von 1,5 Millionen Barrel pro Tag nach der Revolution auf weniger als 400.000 Barrel pro Tag ab. Nach manchen Schätzungen wurden nach Gaddafis Erschießung bis zu 30.000 Menschen getötet. Die französische Tageszeitung «Le Monde» schätzte 2014, dass 600.000 bis zwei Millionen der insgesamt sechs Millionen Einwohner Libyens aus ihren Häusern geflohen waren. Durch das Zusammenbrechen der Staatsmacht sahen sich die meisten Männer gezwungen, sich Schusswaffen zu verschaffen, um Privatfehden beizulegen. Flüchtlinge bezahlen viel Geld, um unter Gefahr für Leib und Leben auf illegalen, schrottreifen Booten nach Europa zu fliehen.

Die UNO und die westlichen Länder erkennen den im Osten Libyens ansässigen Abgeordnetenrat als Regierung an. Doch diese Regierung kontrolliert nicht die libysche Hauptstadt Tripolis. Noch komplexer wird der Konflikt dadurch, dass das Oberste Gericht Libyens den Ausgang der Wahlen von 2014 für null und nichtig erklärt hat. Angeblich hat ein derart terrorisiertes Gericht der gewählten Regierung die Rechtsgrundlage entzogen; es erklärte den Allgemeinen Nationalkongress in Tripolis für rechtmäßig. Der größte Teil der Welt interessiert sich nicht für diese juristischen Spitzfindigkeiten, denn die Medien der Welt haben sich von Libyen abgewandt und sehen nun in Syrien eine aufregendere Bühne für den Totentanz der Demokratie.

Syrien

Der syrische Freiheitskampf hat bereits eine Viertelmillion Menschenleben gekostet. Er hat elf Millionen Menschen heimatlos gemacht. Das Land hat sich in ethnisch-religiöse Enklaven und ethnische Grenzen zersplittert, und ein Ende ist nicht in Sicht. Syrien scheint sich anzuschicken, die Landkarte des Nahen Ostens neu zu zeichnen. Dieser Prozess könnte noch weit blutiger verlaufen, als wir es bisher erlebt haben.

Die Türkei lässt ihre Bereitschaft erkennen, Teile von Syrien und dem Irak zu ihrem Protektorat zu machen, was eine Bedrohung für Israel, Europa und Russland darstellt. Daher setzt Russland, während Israel hinter den Kulissen bleibt, sein modernstes Raketen-U-Boot und Hunderte von Kampfflugzeugen ein. Präsident Putin hat warnend angedeutet, das U-Boot könne nötigenfalls auch Atomraketen abfeuern.

Putin verfolgt kurzfristige diplomatische Ziele. Er will die Welt vergessen lassen, dass er die Krim von der Ukraine gewaltsam losgelöst hat. Er möchte, dass die Welt ihn als einen Führer sieht, der zu seinen Freunden steht, und als den wichtigsten Player in diesem unruhigen Teil der Welt. Freilich hat Russland auch nachvollziehbare langfristige Anliegen: In seinen eigenen muslimischen Provinzen und zentralasiatischen Gebieten gibt es jede Menge radikalisierte Muslime. Ein geeinter und militanter Islamischer Staat, der auch die Türkei einbezieht, wäre für Russland ein langfristiger, gefährlicher Feind.

In Syrien erblühte der Arabische Frühling im März 2011. In der Stadt Dar'ā im Süden sprühten ein paar Jugendliche revolutionäre Slogans auf eine Schulmauer. Präsident Baschar al-Assad ließ sie verhaften. Sie wurden gefoltert, genau wie es sein Vater schon eine Generation zuvor mit Protestierenden getan hatte. Diesmal brachte die Folterung friedlicher Demonstranten mehr Menschen hinaus auf die Straßen. Sicherheitskräfte eröffneten das Feuer und töteten unbewaffnete Bürger. Ihr Blut entfachte den Protest im ganzen Land, und die Leute standen auf, um Assads Rücktritt zu fordern.

Für Assad kam Demokratie nicht infrage – er konnte ja sehen, welche verheerenden Auswirkungen sie jenseits seiner östlichen Grenzen im Irak hatte: Die von den Amerikanern unterstützte Demokratie hatte die Herrschaft der sunnitischen Minderheit unter Saddam Hussein durch eine schiitische Mehrheitsregierung ersetzt. Die Sunniten, die die Macht ihres Diktators missbraucht hatten, konnten sich nicht darauf verlassen, dass die Schiiten ihre demokratische Macht gerecht anwenden würden. Deshalb liefen die Sunniten in Scharen zur Al-Qaida über, um den Islamischen Staat im Irak (ISI) zu schaffen. Daraus wurde rasch der Islamische Staat in Irak und Syrien (ISIS), aus dem dann der Islamische Staat für jeden gläubigen Muslim erblühte – besonders in unruhigen Regionen, in denen die Sunniten in der Mehrzahl waren.

Im heutigen postmodernen säkularen Klima hätten weder Assads Vater Hafiz al-Assad in Syrien noch Saddam Hussein im Irak demokratisch an die Macht kommen können. Ein Militärputsch und sozialistische Ideologie mussten zusammenwirken, damit Assad senior in Syrien die Macht ergreifen konnte. Diese Fusion von Gewalt und Ideologie wurde möglich, weil der Westen vor der Postmoderne als Allheilmittel Ideologien exportierte, die in ein utopisches Paradies führen sollten.

Wir wissen heute, dass humanistische Ideologien weder im kommunistischen Russland noch im faschistischen oder sozialistischen Europa funktioniert haben. In nicht-christlichen Kulturen taten sie es noch weniger als in Europa. Deshalb benutzte Assad, ähnlich wie viele indische Politiker, den Sozialismus als einen manipulativen Slogan; in der Praxis stützte er sich auf seine schiitische Minderheit der Alawiten, um seine Diktatur zu untermauern. Seine Leute wussten, dass eine demokratische Wahl ihrer Herrschaft ein Ende machen würde. Und dann würde die sunnitische Mehrheit an der schiitischen Minderheit, die aus ihrer Sicht vom Islam abgefallen war, Rache üben.

Assad musste die privilegierte Position seiner eigenen Sekte verteidigen, weil sie seine Diktatur stützte. Reue und Bitte um Vergebung kommen in säkularen, militaristischen Wertvorstellungen nicht vor. Nach Jahrtausenden der brutalen Herrschaft und des Pragmatismus blieb Assad keine andere Möglichkeit, als die Volksbewegung des Arabischen Frühlings zu zerschlagen. Dabei half ihm die Tatsache, dass die sunnitische Mehrheit sich in militante Sunniten, gemäßigte Sunniten und ethnische sunnitische Gruppen wie die Kurden aufspaltet. Die Kurden selbst sind geografisch und politisch bedingt gespalten in Türken, Syrer und Iraker.

Die Brutalität der Schiiten unter Assad verstärkte noch die Entschlossenheit der Rebellen; so begann der Teufelskreis von Protest und Unterdrückung sich zu drehen. Demokratisch gesinnte Bürger griffen zu Waffen. Die Eskalation der Gewalt verschaffte Assad die Rechtfertigung, staatliche Gewalt auszuüben, bis hin zum Einsatz der Luftwaffe, um die syrische Bevölkerung zu bombardieren.

Baschar al-Assad, ein säkular denkender Mann, der in Großbritannien studiert hatte, war praktizierender Arzt ohne erkennbare politische Ambitionen. Neunundzwanzig Jahre lang hatte sein Vater Hafiz al-Assad rücksichtslos über Syrien geherrscht. Baschar wurde in die Politik hineingezogen, als sein älterer Bruder Bassel bei einem Autounfall ums Leben kam.

In unserer Zeit stehen muslimische Nationen vor der Wahl zwischen einer religiösen und einer säkularen Identität. Damals, im Zeitalter der Ideologien, ermöglichte es der Sozialismus einem Sunniten wie Saddam Hussein, im mehrheitlich schiitischen Irak an die Macht zu kommen. Die Familie Assad wiederum gehört zur Splittergruppe der Alawiten innerhalb der schiitischen Minderheit im mehrheitlich sunnitischen Syrien.

Grob geschätzt sind die Syrer zu 13 Prozent Schiiten und zu 74 Prozent Sunniten. Im Irak leben etwa 35 Prozent Sunniten und 65 Prozent Schiiten. Saddam und Assad kamen an die Macht, weil beide keine religiösen Fanatiker waren. Sie waren definiert durch eine Ideologie und nicht durch ihre Gruppenzugehörigkeit. Dadurch spielten damals, als sie an die Macht kamen, Gesichtspunkte der Sektenzugehörigkeit keine Rolle. Aber sie lernten rasch, dass zur Ideologie auch die Manipulation gehört: Um an der Macht zu bleiben, mussten sie sich auf den Rückhalt ihrer Sekten stützen.

In einer Demokratie ist eine Regierung durch ihre Wähler legitimiert. Die Herrschenden müssen dienende Führer sein, um das Vertrauen der Wähler zu erlangen. Leider fanden weder Saddam noch Assad in den spirituellen Ressourcen ihrer Kultur Anreize dazu, sich als Diener ihres Volkes zu verstehen.

Im Gegensatz zur Demokratie wird eine Militärherrschaft getragen durch Gewalt, Verschwörung, Mord und Unterdrückung Andersdenkender. Die Völker Saddams und Assads verstanden die Sprache der Gewalt. Darum konnte Saddam mithilfe brutaler sunnitischer Handlanger über die schiitische Mehrheit herrschen. Ebenso stützte sich Assad auf die Brutalität der alawitischen Schiiten. (Assad stellte sich schützend vor die christliche Minderheit, die ihn im Gegenzug bei der gemeinsamen Verteidigung gegen die sunnitische Mehrheit unterstützte.)

Vetternwirtschaft verheißt Stabilität, erbringt aber Ineffizienz, Korruption, Unzufriedenheit und Feindseligkeit gegenüber den Amtsträgern. Das Prinzip der dienenden Führung hat den christlichen Völkern ein hohes Maß an Stabilität und Effizienz sowie fortschrittliche Regierungen verschafft. In England wurde dieser Gedanke des Führers als Dieners im Amt des Premierministers (des «ersten Dieners») institutionalisiert. Dieses eigenartige Konzept der dienenden Führung war ein Prinzip, das aus der Bibel stammt. Jesus Christus selbst hat es vorgelebt.

Der Islam respektiert die Bibel, aber der unbewiesene Verdacht, die Bibel der Christen sei verfälscht worden, hat dazu geführt, dass Muslime sie nicht lesen, um daraus zu lernen. Eine Konsequenz dieser Verachtung gegenüber der biblischen Lehre über Führung war, dass im Irak die Sunniten durch die demokratisch gebildete Regierungs-Mehrheit der Schiiten rasch ausgegrenzt wurden. Ebenso grenzte Assads schiitische Herrschaft in Syrien rücksichtslos die Mehrheit der Sunniten aus.

Durch demokratische Wahlen wurde im Irak den Sunniten die Macht genommen und an die schiitische Mehrheit übergeben. Sobald die Schiiten an der Macht waren, begannen sie, die Sunniten zu unterdrücken. So konnte der Islamische Staat im Irak (ISI) die Sunniten einen, um gegen die Wahlergebnisse vorzugehen. Sie bekämpften die demokratische Macht mit Waffen und Guerillakrieg. Der Bürgerkrieg im Irak ließ nun Assad fürchten, durch Wahlen könnte in Syrien eine sunnitische Regierung an die Macht kommen. Dann würde die sunnitische Mehrheit in Syrien Rache üben an seiner (schiitischen) Gemeinschaft der Alawiten, weil diese aus sunnitischer Sicht «Ungläubige» sind – und nach der Scharia sind Gläubige und Ungläubige vor dem Gesetz eben nicht gleich.

Diese kulturellen Faktoren und Befürchtungen hatten praktische Folgen: Die unzufriedene sunnitische Minderheit im Irak und die verdrossene sunnitische Mehrheit Syriens kamen zusammen und wurden zu hochexplosivem Sprengstoff, den der Islamische Staat nutzte, um ein neues Kalifat zu errichten.

Muslime begegnen der Moderne

Anfang 2011 nutzte der Arabische Frühling moderne Werkzeuge wie Twitter und Facebook, um die Diktatoren Tunesiens und Ägyptens friedlich auszujäten. Aber das Jäten ist nur ein kleiner Teil der Gartenarbeit. Während die Bouazizis und Zahrans die schreckliche Natur ihre despotischen Herrscher erkannten, gaben ihnen ihre Bildung und ihre Medien nicht das Rüstzeug, um die Grundannahmen ihrer Kulturen infrage zu stellen. Sie gingen naiv davon aus, durch demokratische Verfassungen und Wahlen würden automatisch gerechte, demütige und gute Politiker an die Macht kommen.

Damit es ihnen gelingt, friedliche Nationen zu errichten, werden zukünftige Revolutionäre die spirituellen Grundlagen der amerikanischen Unabhängigkeitserklärung entdecken müssen. Sie hält die Wahrheit, dass alle Menschen Würde und gleiche Rechte besitzen, für «selbstverständlich». Doch diese Wahrheit war für mein Geburtsland Indien oder für die muslimischen Völker niemals «selbstverständlich».

Offiziell gehören über 74 Prozent der Inder den niederen («verzeichneten») Kasten an, einschließlich der Dalit und Adivasi. Das liegt daran, dass in Indien die *Ungleichheit der Menschen* «selbstverständlich» ist. Die Weisen der Hindus dachten, der Schöpfer müsse die Menschen ungleich erschaffen haben und unser Karma müsse unsere angeborene Ungleichheit noch verstärken. Das versetzte meine indische Kultur in die Lage, Menschen durch den Status der «Unberührbarkeit» zu erniedrigen. Indien begann sich erst zu verändern, als die Bibel uns die Wahrheit der Menschenwürde und der Gleichheit aller Menschen vor Augen führte. Der indische Staat bejaht heute die Gleichheit der Menschen, auch wenn die Gesellschaft noch einen weiten Weg vor sich hat, um ihre politischen Überzeugungen auch wirklich auszuleben.

Ein Grundproblem sowohl sunnitischer als auch schiitischer muslimischer Staaten ist, dass sie als «wahre» Muslime die «Abtrünnigen» (andere muslimische Sekten oder Splittergruppen) und die «Ungläubigen» (etwa Juden und Christen) nicht als gleichberechtigt behandeln können. Deshalb müssten sich echte Reformen in Indien und im Islam erst einmal mit den Grundfragen auseinandersetzen, ob Gläubige und Ungläubige, ob Männer und Frauen vor dem Gesetz tatsächlich gleich sind.

Die Lehre des Islamischen Staates, der Kalif müsse ein Mann aus dem Stamm der Quraisch sein, zeigt, dass er nicht alle Muslime als gleichrangig betrachtet, geschweige denn alle Menschen. Eine solche Weltanschauung muss die Demokratie als Ketzerei betrachten – auf die unter dem Gesetz der Scharia aber der Tod steht. Freie und gleiche Wahlen bedeuten, dass mit gewissen verfassungsgemäßen Einschränkungen (etwa im Hinblick auf das Alter und den Wohnsitz) jeder in das höchste

Amt gewählt werden kann. Eine Frau namens Benazir Bhutto kann anstreben, ein mehrheitlich muslimisches Land wie Pakistan zu führen. Die Wähler können ihr das verwehren, aber niemand kann sie aus dem Weg räumen, nur weil sie eine Frau ist und versucht, eine Margaret Thatcher in einem muslimischen Land zu sein.

Bevor wir uns näher mit den weltanschaulichen Dimensionen der Krankheit befassen, die die betroffenen Nationen plagt, wollen wir einen Blick auf die intellektuellen Architekten der autoritären islamischen Muslimbruderschaft werfen.

3 Architekten einer autoritären Bruderschaft

Der Maulana A. ist das Oberhaupt einer Moschee in Nordindien. Ich fragte ihn: «Könnten Unruheregionen wie Irak, Syrien und Libyen ihren Ölreichtum nutzen, um ihren jungen Leuten eine gute Ausbildung zukommen zu lassen und ihre Fähigkeiten zu entwickeln?»

«Natürlich!», antwortete er und fügte hinzu: «Wenn sie es täten, würden ihre jungen Leute sich nicht selbst in die Luft sprengen wollen. Sie würden stattdessen mithelfen, gegen Armut, Analphabetentum und Krankheiten zu kämpfen. Sie würden ihr Land aufbauen!»

«Warum beginnen die muslimischen Führer dann nicht einen Dschihad für die Bildung ihrer jungen Leute?»

«Wissen Sie, Geld allein macht noch keine Bildung.» Der Imam war ernst. «Wenn es so wäre, gäbe es ja auch in indischen Dörfern eine gute Bildung. Der Staat bezahlt seine Lehrer viel besser als die Moscheen ihre Imame. Doch die Lehrer geben kaum vernünftigen Unterricht. Die Missionsschulen gelten als die besten, weil die Motivation, Schüler zu betreuen, eine Frage des Geistes ist, nicht des Geldes.»

«Das ist genau das, was ich herauszufinden versuche», erklärte ich. «In einem Großteil von Indien hat siebenhundert Jahre lang der Islam geherrscht. Warum sieht sich Ihre Gemeinschaft selbst als ‹rückständig›?»

«Politische Macht hilft dabei, die Scharia durchzusetzen», sagte der Imam nachdenklich. «Aber wie gesagt, die Motivation zur Bildung kommt aus einem missionarischen Geist, nicht aus militärischer Macht.»

Seine Ehrlichkeit ermutigte mich, weiterzufragen: «Warum zieht es dann so viele junge Leute zum selbstmörderischen Dschihad wie die Motten zu den tödlichen Flammen?»

«Der gegenwärtige Krieg im Nahen Osten und in Nordafrika ist nicht islamisch», antwortete der Maulana und nahm einen Schluck von seinem Kaffee. «Es geht nur ums Öl. Der Terrorismus ist attraktiv für die Faulen und geistig Trägen. Sie sind auf schnelles Geld, Frauen und Ruhm aus. Der IS hat eine gut geschmierte Propagandamaschine. Damit lockt er junge Leute an, die vom wahren Islam keine Ahnung haben.»

«Haben Sie schon einmal IS-Propagandisten getroffen?»

«Nein! In unserem Bundesstaat waren sie noch nicht. Ich weiß aber, dass sie in Bengaluru und Hyderabad sind.»

«Woher wissen Sie das?»

«Ein junger Mann aus meiner Moschee war zu einem Vorstellungsgespräch in Bengaluru. Er hat den Job nicht bekommen. Aber als er zurückkam, war er verunsichert und fragte mich, ob der Dschihad dem echten Islam entspreche. Ich sagte ihm: ‹Sogar George Bush nennt den Islam eine Religion des Friedens. Du hast eine gute Zukunft: Denk nicht einmal daran, dich für eine verkehrte Version des Islam in die Luft zu sprengen!›»

«Wie hat er darauf reagiert?»

«Er hat von da an nicht mehr mit mir gesprochen. Jemand hat mir erzählt, dass er mich jetzt Dschahilia nennt – einen abgefallenen Muslim.»

«Ist das die Bedeutung des Wortes Dschahilia?»

«Im Koran steht dieses Wort für heidnische Götzendiener, die Gottes Gesetz, die Scharia, nicht kennen. Die Militanten bezeichnen damit muslimische Führer, die die jeweiligen Landesgesetze akzeptieren, statt darum zu kämpfen, die Scharia durchzusetzen. Sie glauben, der Koran verlange von jedem wahren Gläubigen, er müsse ein Dschihadist sein – ein Soldat für die Scharia. Ich glaube, die Hauptbotschaft des Islam ist der Friede. Nach Jahrzehnten der Unruhen gibt es zwischen Hindus und Muslimen kein Vertrauen und keinen Frieden mehr. Diese Fanatiker reden von Bruderschaft, aber in Wirklichkeit säen sie die Saat der Zwietracht und des Todes.»

Der Imam und ich hatten uns gerade erst kennengelernt. Deshalb versuchte ich es mit einer Analogie, die scheinbar nichts mit dem Thema zu tun hatte:

«Mahatma Gandhi schreibt in seinem Kommentar zur Bhagavad Gita, Krishna habe Arjuna nicht gelehrt, seine Vettern, Onkel und Lehrer umzubringen. Die Schlacht der Kauravas gegen die Pandavas sei der Kampf des Bösen gegen das Gute innerhalb jedes Menschenherzens. Gott könne nur Gewaltlosigkeit lehren ...»

«Nun ja», unterbrach mich der gelehrte Imam. «Ich weiß nicht, ob Nathuram Godse ein besserer Gelehrter war als Gandhi. Aber er las die Gita und tötete Mahatma Gandhi! Nicht auf einem Schlachtfeld, sondern während eines Gebetstreffens. Nach seiner hinduistischen Sichtweise war es seine religiöse und nationalistische Pflicht, den Apostel der Gewaltlosigkeit – Gandhi – umzubringen ...»

«Warum glauben denn diese Leute, es entspräche dem wahren Islam, Gläubige in einer rivalisierenden Moschee in die Luft zu sprengen?»

Der Imam lächelte. Er war klug genug, um zu merken, dass ich mich hart an die Grenze zwischen Höflichkeit und politischer Unkorrektheit heranwagte.

Er fiel ihm leicht, mich zum Schweigen zu bringen: «Wenn ich erst einmal anfange, mich mit den sozialen Medien zu beschäftigen, werde ich auch dahinterkommen, warum diese klugen Köpfe den gemäßigten Islam für ein verkapptes Christentum halten. Aus ihrer Sicht sind Imame wie ich genau wie Gandhi, der die Bergpredigt Christi in die Bhagavad Gita hineinlas.»

Der Imam hatte recht. Man braucht nur ein paar Stunden im Internet, um die intellektuellen Architekten des militanten Islam kennenzulernen. Allerdings dauert es Jahre, um sich durch Sayyid Qutbs detaillierten und umfassenden dreißigbändigen Kommentar *Fi Zilal al-Qur'an* («Im Schatten des Korans») zu arbeiten. Nicht Waffen, sondern Qutbs Lehre sind maßgeblich für die militante islamische Vision von Staat und Gesellschaft. Sie ist die Grundlage dessen, was Dschihadisten unter wahrem Islam verstehen. Sie verschafft ihnen die theologische Autorität, andere Muslime als Abtrünnige zu verdammen, die den Tod verdient haben. Sie liefert ihnen die koranische Grundlage dafür, Frauen zu unterdrücken, Zivilisten zu köpfen und den Westen zu bombardieren.

Warum triumphiert Qutbs Version des Islam über den gemäßigten Islam meines neuen Freundes, des Maulana?

Qutbs Version des Islam gewinnt bei gebildeten jungen Muslimen an Boden, weil er kein Wissenschaftler im Elfenbeinturm war. Er war sowohl fromm als auch gelehrt. Seine Führungsrolle in der Muslimbruderschaft begründet sich daher, dass er sein Opus magnum zwischen 1951 und 1965 schrieb. Den größten Teil dieser Zeit verbrachte er im Gefängnis, verfolgt von «gemäßigten» Muslimen, die er als *Dschihili* (säkularisiert) bezeichnete.

Als die Gemäßigten ihn 1966 hängten, besiegelte Qutb seine Frömmigkeit und seine Gelehrsamkeit mit seinem Blut. Die relativ moderaten muslimischen Herrscher ahnten nicht, dass das Blut gelehrter Märtyrer wie Hasan al-Banna und Sayyid Qutb zum Samen einer weltweiten Renaissance des ursprünglichen Islam werden würde, wie der Prophet Mohammed ihn lehrte und praktizierte.

Die nicht-dschihadistischen Versionen des Islam sind in christlichen und säkularen Kulturen Kompromisse eingegangen. Osama Bin Ladens Blut reinigt den Islam von dieser «Verderbtheit». Die Militanten glauben, dass den späteren Teilen des Korans die letztgültige Autorität zukommt. Das bedeutet, dass frühere Teile des Korans im Lichte der Teile gelesen werden müssen, die *später* offenbart wurden. Und in diesen späteren Teilen befiehlt Allah den Dschihad.

Hasan al-Banna und die Entstehung der Muslimbruderschaft

Scheich Hasan Ahmed 'Abd ar-Rahmān Mohammed al-Banna (1906–1949) gründete die Muslimbruderschaft in Ägypten. Sie wurde die einflussreichste Organisation für die Wiederbelebung des ursprünglichen Islam.

Al-Bannas Vater erzog ihn streng nach islamischen Werten. Er verschaffte ihm auch eine Ausbildung, die sein Zutrauen zum Islam wachsen ließ, während er als Schullehrer und Imam arbeitete. Seine islamische, antiwestliche politische Vision entwickelte sich 1919 während der ägyptischen Revolution gegen die Besatzung Ägyptens und des Sudans durch die Briten.

1882 hatte Großbritannien dafür gesorgt, dass Ägypten nur noch dem Namen nach zum Osmanischen Reich gehörte. Es übte seine politische Kontrolle durch die lokalen, dynastischen Gouverneure aus, die sogenannten Khediven. Die Herrschaft der Khediven gab Anlass zu dem Ausdruck «Marionettenstaat» – ein Staat, der von seinem eigentlichen Souverän wie von einem unsichtbaren Marionettenspieler gelenkt wurde.

Zu Beginn des Ersten Weltkriegs gab Großbritannien die juristische Fiktion der osmanischen Vorherrschaft ganz auf. Es erklärte die Khediven zu Herrschern und Ägypten zum britischen Protektorat. Durch diese Maßnahmen wurde die Illusion eines unabhängigen Ägyptens geschaffen.

In Wirklichkeit legte Großbritannien Ägypten unerträgliche Lasten auf. Es beschlagnahmte Gebäude, Ernten und Vieh für die Vielzahl ausländischer Truppen auf ägyptischem Boden. Mehr als anderthalb Millionen Ägypter wurden zum Ägyptischen Arbeitscorps eingezogen, um die Kriegsanstrengungen der Briten zu unterstützen. Die politische Klasse Ägyptens hatte sich auf die Selbstverwaltung vorbereitet. Sie revoltierte, als sie merkte, dass sie betrogen worden war.

Dieser Verrat löste eine Massenbewegung gewaltlosen zivilen Ungehorsams aus. Aktivisten sammelten in Städten und Dörfern Unterschriften, um die Anführer der Bewegung zu einer Petition für die vollständige Unabhängigkeit zu ermächtigen. Die Reaktion der britischen Regierung auf diesen friedlichen demokratischen Protest bestand darin, dass sie am 8. März 1919 die führenden Leute verhaftete. Sie wurden anschließend nach Malta verbannt.

Dieses ungeschickte Vorgehen löste verbreitete Unruhen aus. Zwischen März und April 1919 wurden etwa 800 Ägypter getötet und doppelt so viele verwundet. Dörfer wurden niedergebrannt, große Güter und Anlagen, darunter auch Eisenbahnstrecken, wurden geplündert und zerstört. Es gab Generalstreiks, denen sich Studenten, die Elite, die Beamten, Händler, Bauern, Arbeiter und religiösen Führer anschlossen. Der junge al-Banna marschierte bei den Demonstrationen mit, gab im Eigenverlag politische Pamphlete heraus und gründete eine Jugendorganisation.

Die «Revolution» zwang London, Ägypten am 28. Februar 1922 für unabhängig zu erklären. Unter das Dach der osmanischen Herrschaft konnte Ägypten nicht zurückkehren. Seine gebildeten führenden Köpfe beschlossen 1923, eine

Verfassung für ein parlamentarisches, repräsentatives Staatswesen nach britischem Vorbild zu übernehmen. Doch die Unabhängigkeit blieb unvollständig: Großbritannien erkannte die Souveränität Ägyptens über den Sudan nicht an. Es behielt seine militärischen Stellungen im Gebiet des Suezkanals. Es musste die Kommunikationskanäle des britischen Empires sichern, Ägypten vor ausländischen Aggressionen schützen und seine eigenen außenpolitischen Interessen in Ägypten wahren. Wegen dieser Maßnahmen brodelte es in Ägypten weiterhin. Das nicht eingelöste Versprechen der vollständigen Unabhängigkeit motivierte wache junge Leute wie al-Banna dazu, nach islamischen Alternativen zu westlichen Lebensweisen zu suchen.

Gerade als Ägypten 1922 sein erstes demokratisches Experiment begann, beschloss Hasan al-Banna, sich gegen die traditionelle Sichtweise seines Vaters zu kehren und an der Kairoer Universität moderne Fächer zu studieren. Dieser Bruch verschaffte ihm die Freiheit, seine eigenen Gedanken zu denken – islamisch, aber anders als die muslimischen Traditionen, die sich herausgebildet hatten in der intellektuellen Versklavung unter der jahrhundertelangen osmanischen und jahrzehntelangen britischen Vorherrschaft.

In Kairo fand er auch Zugang zu wichtigen islamischen Kreisen. Er schloss sich der Islamischen Gesellschaft für die Würde der islamischen Moral und dem Muslimischen Verein junger Männer (MVJM) an. Durch den MVJM veröffentlichte al-Banna etwa fünfzehn Artikel in der einflussreichen islamischen Zeitschrift «Majallat al Fath».

1927 kam al-Banna als Schullehrer ins ägyptische Hauptquartier der Suezkanal-Zone. Hier bekam er die Oberflächlichkeit des säkularen Kapitalismus zu sehen. Die britischen Bestrebungen, die Ägypter zu modernisieren, liefen darauf hinaus, dass Muslime die islamische Kultur aufgaben, ohne wirklich britisch zu werden.

Die militärische und ökonomische Vorherrschaft Großbritanniens im unabhängigen Ägypten machte ihm noch mehr Sorgen. Die ärmlichen Behausungen der ägyptischen Arbeiter standen in krassem Gegensatz zu britischen Militärlagern, öffentlichen Einrichtungen ausländischer Unternehmen und den luxuriösen Residenzen der ausländischen Angestellten der Suez Canal Company.

Noch mehr widerte ihn die Heuchelei gemäßigter muslimischer Führer an. Sie hatten Macht, aber die Ungerechtigkeiten, die Araber und Muslime vonseiten der Ausländer erdulden mussten, die in der Region das Sagen hatten, waren ihnen egal. Al-Banna organisierte die «Muslimbrüder», als sechs Männer, die bei verschiedenen Unternehmen am Suezkanal arbeiteten, mit konkreten Beschwerden zu ihm kamen. Sie sprachen genau die Besorgnisse an, die er selbst hegte.

Die Bruderschaft entstand als eine Bewegung zur Förderung der persönlichen Frömmigkeit und Wohltätigkeit. 1933 kehrte al-Banna nach Kairo zurück. Bis zum Ende jenes Jahrzehnts hatte seine Bewegung sich in allen Provinzen Ägyptens etabliert. Ein weiteres Jahrzehnt später hatte sie 500.000 aktive Mitglieder und viele weitere Sympathisanten. Al-Bannas organisatorische und ideologische Führung war der Schlüssel zu ihrem spektakulären Erfolg. Die Bewegung verband unablässigen Aktivismus an der Basis mit der massenhaften Verbreitung großer islamischer Gedanken.

Al-Bannas Botschaft bot eine islamische Perspektive zu den wichtigen Fragen der Zeit: Kolonialismus, Gesundheitswesen, Bildungspolitik, Umgang mit natürlichen Ressourcen, soziale Ungerechtigkeit, Pan-Islamismus, Nationalismus, arabischer Nationalismus, die Schwäche der islamischen Welt auf dem internationalen Parkett und der wachsende Konflikt in Palästina.

Er verdichtete seine Ideen zu einer komplexen Bewegung mit ausgeklügelten inneren Strukturen. Die Bruderschaft hatte verschiedene Abteilungen, die dafür verantwortlich waren, die nicht-westlichen, islamischen Werte der Organisation unter der Landbevölkerung, den Arbeitern und den Akademikern zu verbreiten. Es gab Abteilungen für Propaganda, für die Pflege der Verbindungen zur islamischen Welt und zur Presse sowie für die Übersetzung von Al-Bannas Botschaft. Die Bewegung bildete spezielle Komitees für Finanzen und Rechtsangelegenheiten.

Al-Bannas Erfolg beruhte darauf, dass er die bestehenden sozialen Netze wie Moscheen, islamische Wohlfahrtsvereine und Nachbarschaftsgruppen effektiv nutzte. Die Ausbreitung der Bewegung wurde durch etliche Unternehmen, Kliniken und Schulen gefördert. Die Mitglieder organisierten sich in kleinen Zellen. Diese nannten sich klugerweise *usar*, «Familien».

Al-Banna stand einem kompromissbereiten Islam kritisch gegenüber, aber es war seine energische Opposition gegen die

Einmischung der Briten in Ägypten, mit der er gebildete Beamte, Büroangestellte und Akademiker anzog. Er rief die Muslime auf, sich auf den bewaffneten Dschihad gegen die Kolonialmächte vorzubereiten.

In Ägypten, klagte al-Banna, «sind Muslime gezwungen, sich vor Nicht-Muslimen zu demütigen, und werden von Ungläubigen beherrscht. Ihre Länder sind zertrampelt und ihre Ehre befleckt worden. Ihre Angelegenheiten werden von ihren Gegnern gelenkt, und die Riten ihrer Religion sind in ihren eigenen Gebieten außer Kraft gesetzt. ... Somit ist es für jeden einzelnen Muslim zu einer Verpflichtung geworden, vor der es kein Ausweichen gibt, sich zum Dschihad zu entschließen und sich dafür zu rüsten, bis die Gelegenheit dafür reif ist und Gott ihn befiehlt.»[6]

Während des Araber-Aufstands in Palästina (1936–1939) mobilisierte die Muslimbruderschaft an der Basis Geld und Gebetsunterstützung. Das machte die Bruderschaft populär. Während des arabisch-israelischen Krieges von 1948 entsandte sie Freiwillige in den Kampf gegen Israel. Ihre wachsende Unerschrockenheit und Beliebtheit führte zu Gerüchten, die Bruderschaft plane einen Coup. Premierminister Mahmoud an-Nukrashi Pascha sah in der Bewegung nicht nur eine Vereinigung von Muslimen zu einer Bruderschaft. Also löste er im Dezember 1948 die Bruderschaft auf, beschlagnahmte das Eigentum der Organisation und warf viele ihrer Mitglieder ins Gefängnis.

Der Verdacht, dass die Muslimbruderschaft die islamische Gesellschaft spalte, bestätigte sich, als ein Student aus ihren

Reihen am 28. Dezember 1948 an-Nukrashi ermordete. Zur Vergeltung erschossen zwei Männer am 12. Februar 1949 al-Banna.

Die Bruderschaft bezichtigte nicht die Briten, einen der bekanntesten Gegner Großbritanniens ermordet zu haben. Genauso wenig hatten die Hindus weniger als zwei Wochen zuvor den Briten die Ermordung Mahatma Gandhis vorgeworfen. Die Schuld am Tod Mahatma Gandhis gaben die Inder militanten Hindus. Die Ägypter gaben die Schuld an der Ermordung eines muslimischen Helden einem Muslim, König Farouq.

Das britische politische System ermordet seine Kritiker nicht. Die Kritiker werfen auch keine Bomben auf die britischen Herrscher und religiösen Führer. Warum nicht? Weil es bei den biblischen Propheten gang und gäbe war, unter Gefahr für das eigene Leben den Mächtigen die Wahrheit zu sagen. Dieses Vorbild aus der Heilsgeschichte versetzte die Puritaner des siebzehnten Jahrhunderts in die Lage, die moderne Presse hervorzubringen: Sie institutionalisierten die Freiheit der Meinungsäußerung und die Versammlungsfreiheit als fundamentale Rechte und unverzichtbaren Bestandteil des öffentlichen Lebens. Ernste Meinungsverschiedenheiten kann es geben, aber sie müssen durch Argumente und Beweise gelöst werden, nicht durch Gewehre und Bomben.

Den muslimischen Kulturen ist es sehr schwergefallen, eine freie Presse und eine demokratische Opposition zu etablieren. Das liegt daran, dass in der islamischen Tradition Propheten und Herrscher ihre Kritiker umbringen. Ebenso ziehen die Kritiker es vor, Anschläge zu verüben, statt prophetisch das Wort zu ergreifen, selbst auf die Gefahr hin, das Leben zu verlieren. Aus diesem Grund fand al-Bannas Bruderschaft viel Anklang bei den Muslimen, konnte aber Ägypten nicht reformieren. Als die Bruderschaft 2012 schließlich in Ägypten die Präsidentschaft gewann, zeigte sie sich von ihrer freiheitsfeindlichen Seite. Präsident Mursi wurde nach dreizehn Monaten abgesetzt, und heute wird die Bruderschaft verfolgt.

Al-Bannas Bewegung zur Wiederbelebung des reinen Islam breitete sich weltweit aus, weil Sayyid Qutb ihr den intellektuellen Brennstoff injizierte, der die Muslimbruderschaft zur Matrix für den modernen Dschihad machte.

Sayyid Qutb

Der ägyptische Autor Sayyid Qutb ist der einflussreichste intellektuelle Vorläufer des heutigen dschihadistischen Islam. Die Taliban, Al-Qaida, der Islamische Staat und andere Dschihadisten stimmen zwar nicht mit allem, was er schrieb, überein, aber seine Schriften inspirierten sie alle.

Qutb wurde am 9. Oktober 1906 in Ägypten geboren – im selben Jahr wie Hasan al-Banna. Als al-Banna 1949 ermordet wurde, befand sich Qutb in den USA, wo er Pädagogik und Schulverwaltung studierte. Sein Hauptfeind war der gemäßigte Islam, aber die Unfähigkeit des säkularen Materialismus, so etwas wie Sinn oder Moral zu begründen, machte ihn zu einem Gegner der westlichen Kultur.

Als Qutb nach Amerika kam, hatte der philosophische Bankrott des Säkularismus viele amerikanische Kirchen gelähmt. Innerhalb des Christentums wurde der Säkularismus als «liberale Theologie» bezeichnet. Bibelgläubige Christen in Amerika hätten Qutb darin zugestimmt, dass das liberale Christentum «primitiv» und «schockierend» sei. Aus diesem Grund kehrten viele amerikanische Christen diesen «Mainstream»-Kirchen den Rücken. Wie Qutb bemerkte, machte es sie «taub für Glauben an Religion, Glauben an Kunst und Glauben an spirituelle Werte überhaupt».

Bevor er sich 1949 nach Amerika einschiffte, war Qutb bereits Dichter, Romanautor, Literaturkritiker und Pädagoge. Er hatte das britische Bildungssystem durchlaufen und verabscheute Koranschulen, die eine ausschließlich religiöse Bildung vermittelten. Nach seiner Rückkehr zwei Jahre später wurde er 1952 zu einem Theoretiker des Islamismus. Er machte es sich zur Lebensaufgabe, Muslime zurück zum ursprünglichen Islam zu führen.

Qutb war in einer religiösen Familie aufgewachsen. Als Kind lernte er den Koran auswendig und konnte ihn singend rezitieren. Die Einsamkeit und der Kulturschock der langen Seereise weckten in diesem Junggesellen einen stärker werdenden Glauben an Allah. Er fand Trost und Sinn darin, sich einem unerschütterlichen Glauben an den Koran hinzugeben.

Als Qutb sich 1951 der Muslimbruderschaft anschloss, wurde er Chefredakteur von deren Wochenzeitschrift «Al-Ikhwan al-Muslimin». Seine Beiträge dafür wurden bald dadurch belohnt, dass er zum Chef der Propagandaabteilung ernannt wurde und einen Sitz im Arbeitsausschuss und Leitungsrat bekam.

Gamal Abdel Nasser war damals Offizier der ägyptischen Armee. Er schmiedete Pläne zum Sturz der von den Briten abhängigen ägyptischen Monarchie. Mit diesem Ziel hatte er eine nationalistische «Bewegung freier Offiziere» gegründet. Nasser pflegte persönliche Beziehungen zu den Führern der Bruderschaft, weil die Bruderschaft populär war. Sie verabscheute den britischen Einfluss auf die gemäßigt-islamischen Herrscher Ägyptens. Sobald Qutb zum Vordenker der Bruderschaft wurde, begann Nasser, Zeit mit ihm zu verbringen. Er besuchte Qutb zu Hause und diskutierte stundenlang mit ihm über islamische Politik-Theorien.

Diese Vertrautheit verleitete die Bruderschaft zu dem Gedanken, Nasser würde nach der Revolution die erste islamische Regierung Ägyptens aufrichten. Sie wussten nicht, dass Nasser schon vor der Revolution von 1952, die die Monarchie stürzte, eine Geheimorganisation namens «Tahrir» (Freiheit) gegründet hatte. Das Ziel dieser Organisation war es, Ägypten mit einer säkularen nationalistischen Ideologie zu führen, die mit dem Islamismus der Bruderschaft unvereinbar war und ihm feindselig gegenüberstand.

Qutb wusste, dass der Nationengedanke unislamisch war. Der ursprüngliche Islam, wie auch der Islamische Staat heute, erkennt keine nationalen Grenzen an. Eines der Hauptziele des Dschihad ist es, nationale Grenzen auszulöschen. Es geht darum, jeden Menschen unter die Autorität des einen und einzigen Gesetzes zu zwingen – der Scharia. Nassers Nationalismus war in der Tat ein Import aus Europa. Für Qutb dagegen musste es das Ziel jedes Muslims sein, eine übernationale Umma (religiöse Gemeinschaft) zu bilden.

Nasser wollte die Unterstützung der Bruderschaft gegen die Monarchie und für seine eigene Regierung. Als Präsident bot er Qutb jede erdenkliche Position, die er haben wollte – er hätte Bildungsminister, Kulturminister oder alles Mögliche werden können. Doch als Qutb begriff, dass Nasser keinerlei Interesse hatte, eine islamische Herrschaft zu errichten, schlug er alle Angebote aus.

1954 plante die Bruderschaft ein Attentat auf Präsident Nasser, aber der Versuch misslang, und Qutb wurde mit anderen Führern der Bruderschaft verhaftet. In einem islamischen Staatswesen wären die Verschwörer geköpft worden. Der gemäßigte Nasser jedoch steckte Qutb nur ins Gefängnis. Eine Zeit lang wurde er gefoltert, aber dann bekam er begrenzte Freiheiten, einschließlich der Freiheit, sich schriftlich gegen die Regierung und rivalisierende muslimische Denker zu äußern.

Während der Haft hatte Qutb reichlich Gelegenheit zum Nachdenken. Seine Schriften gewannen in dieser Zeit eine Reife und Gedankenschärfe, wie sie im Elfenbeinturm nicht zu finden sind. Dass er inmitten eines realen Kampfes um Leben und Tod schrieb, gab seinem dreißigbändigen Kommentar «Im Schatten des Korans» eine nachhaltige Überzeugungskraft. Später schrieb Qutb das Manifest des politischen Islam, *Zeichen auf dem Weg* (*Ma'alim fi-al-Tariq*). Diese Werke gründeten seine antisäkulare, antiwestliche Weltanschauung fest auf den Koran, die islamische Geschichte und auf Ägyptens gesellschaftspolitische Probleme.

Qutb übernahm von seinen Vorläufern mehrere Kernelemente des modernen Islamismus und verschmolz sie zu einer koranischen Weltanschauung. Dazu gehörten die Gedanken des *Takfir* (Verurteilung anderer Muslime als Abtrünnige), der *Fatwa* (des Todesurteils gegen Abtrünnige durch religiöse Führer), des *Salafismus* (einer ultrakonservativen Reformbewegung innerhalb des sunnitischen Islam), der *Dschahilia* (Unwissenheit über die göttliche Führung) und des *Dschihad* (des politischen Aktivismus als einer religiösen Pflicht).

Für Qutb war der Islam ein umfassendes System der Moral, der Justiz und der Regierung. Islamische Gesetze und Prinzipien, die sogenannte Scharia, sollten die alleinige Basis für alle Aspekte des Lebens sein, von den Staatsgeschäften bis hin zur Kleidung. Aus Treue zum Koran hatten muslimische Männer die westliche Sichtweise der Gleichberechtigung der Frau abzulehnen. Männer mussten über ihre Frauen herrschen, denn die Familie und nicht der Individualismus «ist die Basis der Gesellschaft». Eine zivilisierte Familie kultiviere moralische Werte und erfordere «Arbeitsteilung zwischen Mann und Frau»: Wenn «sexuelle Freizügigkeit und uneheliche Kinder zur Basis einer Gesellschaft werden … und … die Rolle einer Frau nur darin besteht, attraktiv, sexy und verführerisch zu sein, und wenn eine Frau befreit ist von ihrer Grundaufgabe, Kinder aufzuziehen … dann ist eine solche Gesellschaft aus menschlicher Sicht ‹rückständig› oder in der islamischen Terminologie *‹dschahili› (dschahilia)*.»[7]

Anfangs rechtfertigte Qutb den Dschihad als einen Abwehrkampf. Doch bittere Erfahrungen mit der Heuchelei gemäßigter Muslime brachten ihn dazu, die Tatsache zu akzeptieren, dass der Prophet Mohammed den militärischen Dschihad als einen offensiven Kampf lehrte. Das Ziel des Dschihad war es, die Ungläubigen dazu zu zwingen, sich der Scharia zu unterwerfen.

Indem er den ursprünglichen Islam als maßgeblich akzeptierte, setzte er sich in Gegensatz zu den muslimischen Herrschern, die keinen ernsthaften Versuch unternahmen, die Scharia, das Religionsgesetz, umzusetzen. Deshalb behielt sich Qutb seine schärfsten Polemiken für korrupte, verwestlichte muslimische Diktatoren und Fürsten vor. Er verglich ihre Ahnungslosigkeit mit derjenigen der *dschahili*-Araber vor dem Kommen des Propheten Mohammed und seiner Offenbarung, des Korans.

Qutbs Lehre der Dschahilia diente ihm als Widerlegung der pseudohistorischen Argumente modernistischer Muslime, die koranische Institution der Schura unterstütze Wahlen und Demokratie. Er wies darauf hin, dass das Schura-Kapitel des Korans aus der früheren Offenbarungsperiode in Mekka stamme. Deshalb biete es keine Anweisungen für das Staatswesen, weder im demokratischen noch im diktatorischen Sinne. Es riet lediglich einem Herrscher unter solchen Umständen, manche der Beherrschten zu konsultieren.

Qutbs ehrliche, wenn auch kontextbezogene Auslegung des Korans machte ihn zum ursprünglichen und nachdrücklichen Vertreter des «Kampfes der Kulturen». Der Islam und die westlichen Zivilisationen schlössen einander aus, und deshalb sei ein Zusammenprall unvermeidlich. Im gemäßigten Islam sah er nichts anderes als den verderblichen Einfluss des Westens auf die muslimischen Länder.

Durch seine Gefängnisschriften gewann Qutb auch weit über Ägyptens Grenzen hinaus an Einfluss. In der Sowjetunion und in Zentralasien inspirierten seine Bücher sowohl gewalttätige als auch gewaltlose Bewegungen wie die Islamische Bewegung Usbekistans und die Hizb ut-Tahrir (Befreiungspartei).

In den 1990er Jahren war der Wunsch nach Wiederbelebung eines reinen und politischen Islam zu solch einer Bedrohung für gemäßigte muslimische Regierungen geworden, dass sie Tausende von frommen Muslimen ins Gefängnis warfen. Scharfsinnige Beobachter wie der pakistanische Journalist Ahmed Rashid rechneten damit, dass Zentralasien dem militanten Islam anheimfallen würde. Bisher ist das noch nicht geschehen, weil Osama Bin Laden, der Führer der Al-Qaida, und danach der Islamische Staat (IS) das Rampenlicht für sich beanspruchten. Die einzelnen Punkte sind leicht miteinander zu verbinden:

Ende 1964 drängte der irakische Ministerpräsident bei der ägyptischen Regierung mit Erfolg darauf, Sayyid Qutb, den einflussreichsten islamischen Gelehrten des Landes, aus dem Gefängnis freizulassen. Acht Monate später wurde er erneut verhaftet. Diesmal warf man ihm vor, er habe einen Umsturz im Sinne seines islamischen Manifests *Zeichen auf dem Weg* geplant. Zusammen mit sechs weiteren Mitgliedern der Muslimbruderschaft wurde Qutb wegen Teilnahme an einer Verschwörung zur Ermordung des Präsidenten, hoher Staatsbeamter und anderer muslimischer Persönlichkeiten zum Tode verurteilt. Am 29. August 1966 wurde Qutb gehängt. Doch sein jüngerer Bruder Muhammad Qutb (1919–2014) blieb im Gefängnis. Der gemäßigte Islam konnte seine Hinrichtung nicht rechtfertigen, sodass er 1972 freigelassen wurde.

Der begnadigte Muhammad Qutb flüchtete nach Saudi-Arabien und begann dort, für die Ideen seines älteren Bruders zu werben. Er bearbeitete und veröffentlichte Sayyid Qutbs Bücher und lehrte als Professor für Islamwissenschaften. Ein Ergebnis seiner Bemühungen war die Geburt von Al-Qaida, die Dschihadisten ausbildete und in die USA schickte. Am 11. September 2001 entführten sie mehrere Linienflugzeuge und steuerten sie in die Zwillingstürme des World Trade Center und ins Pentagon. Sie töteten 2992 Menschen und verletzten über 6000 weitere. In diesem «Kriegsakt» kristallisierte sich der Zusammenprall zwischen der muslimischen und der westlichen Zivilisation heraus.

Zeugenaussagen zufolge hat Aiman az-Zawahiri, der Cheftheoretiker und zweite Mann in der Befehlskette der Al-Qaida, bei Muhammad Qutb in Saudi-Arabien studiert. Al-Qaida-Führer Osama Bin Laden besuchte einige der wöchentlich stattfindenden öffentlichen Vorträge von Muhammad Qutb an der König-Abdulaziz-Universität; auf jeden Fall saugte er Sayyid Qutbs Weltanschauung begierig auf. Das verschaffte Al-Qaida das Rüstzeug, um eine Dschihad-Offensive sowohl gegen den Westen als auch gegen den säkularisierten Islam zu starten. In einem Video von 2004 empfahl Osama Bin Laden allen Muslimen, Scheich Muhammad Qutbs Buch *Konzepte, die korrigiert werden sollten* zu lesen. Der Islamische Staat im Irak (ISI), aus dem sich der Islamische Staat entwickelte, begann als Al-Qaida im Irak (AQI). Mit ihm ist Sayyid Qutbs islamistische Weltanschauung zur vollen Blüte gelangt. Weltweit äußern heute 17 Prozent der Muslime Sympathie mit dem Terror.[8]

Der heutige «Terrorismus» und die Flüchtlingskrise sind das Ergebnis fundamentaler Gegensätze zwischen dem Islam und dem Westen. Einige davon werden wir später in diesem Buch noch betrachten. Im nächsten Kapitel wollen wir uns jetzt anschauen, warum manche der muslimischen Führer Amerika den «großen Satan» oder *Shaytân-e Bozorg* nennen.

4 Hat Amerika den militanten Islam erschaffen?

«Wie können gläubige Muslime Tausende von jesidischen Frauen als Sexsklavinnen verkaufen? Wie können sie unbewaffnete Zivilisten enthaupten – vor der Kamera, um zu zeigen, dass sie frommer sind als gemäßigte Muslime?»

«Das ist *Shaitaniat* (der Geist Satans)», erwiderte mein Freund, das geistliche Oberhaupt einer Moschee in Nordindien.

Ein Muslim könnte die Gegenfrage stellen: «Wie können Christen jemanden wählen, der verzweifelte Flüchtlinge an der Einreise nach Amerika hindert, nur weil ihre Eltern Muslime waren? Wie können Amerikaner sich vor der Kamera in Sexorgien ergehen?»

Worauf ein Christ antworten könnte: «Das Fernsehen zeigt ja nicht die unschuldigen Menschen, die von amerikanischen Bomben getötet werden. Dort ist meist von muslimischen Terroranschlägen im Westen die Rede. Es ist nur ‹natürlich›, wenn Nichtmuslime Leute hassen, die unschuldige Menschen umbringen. Der Apostel Paulus zählte Hass, sexuelle Unmoral und Orgien zu den natürlichen ‹Werken des Fleisches› (Galater 5,19–21).»

Lautet die Frage aber: «Wie kommt es, dass so viele Amerikaner so viel Geld für muslimische Flüchtlinge spenden, in die Flüchtlingslager gehen, um ihnen zu helfen, und muslimische Kinder adoptieren, die durch muslimische Bomben zu Waisen wurden?», so antwortet die Bibel: Die Frucht des Geistes Christi ist übernatürliche, aufopfernde Liebe (Galater 5,22–23).

Der Konflikt zwischen Christen und Muslimen begann mit dem Propheten Mohammed (570–632) selbst. Millionen von Christen wurden vom Islam unterworfen und hingemetzelt, zur Konversion gezwungen oder der bedrückenden Dschizya-Steuer unterstellt.[9] Während der letzten hundert Jahre wurden allein in der Türkei zwei Millionen Christen ermordet.

In den letzten Jahren des Osmanischen Reiches, zwischen 1914 und 1923, betrieb die jungtürkische Führung ein «Pogrom» (eine systematische ethnische «Säuberung» – sprich: ein Massaker) unter den christlichen Griechen im Land. Allein in Anatolien wurden zwischen 500.000 und 900.000 Menschen ermordet. Der türkische Islam erging sich in Zwangsumsiedlungen, «Todesmärschen», Hinrichtungen im ISIS-Stil, Massenvertreibungen und der Zerstörung christlicher Kultur-, Geschichts- und Religionsgüter.

1914 begann ein Genozid an assyrischen Christen, der bis 1925 anhielt. Nach unterschiedlichen Schätzungen wurden zwischen 270.000 und 750.000 assyrische Christen getötet.

Das Pogrom gegen armenische Christen dauerte von 1915 bis 1923 und forderte zwischen 600.000 und 1,8 Millionen Menschenleben. Nach Hitlers Holocaust ist dies der am besten erforschte Genozid der Geschichte. Er führte dazu, dass der christliche Bevölkerungsanteil in der Türkei von 19 Prozent im Jahr 1914 auf 2,5 Prozent im Jahr 1927 abstürzte.

Grauenhafte Ereignisse wie diese waren der Kontext des heute so verhassten Sykes-Picot-Abkommens von 1916. Dieser «geheime» französisch-britische Vertrag schuf viele der modernen westasiatischen Staaten.

Das säkulare Europa errichtete die kalifatsfreien «gemäßigten» muslimischen Nationen auf den Trümmern des türkisch-osmanischen Reiches. Diese Nationen scheiterten, weil eine «große Nation» ein geistliches Konzept ist, das sich vom Kalifat radikal unterscheidet.[10] Sie geht auf eine Verheißung zurück, die Gott Abraham gab: Folge mir nach, und «deine Nachkommen sollen zu einem großen Volk werden» (1. Mose 12,2–3; 18,18 usw.). Insofern haben die militanten Muslime recht: Das Scheitern der moderaten muslimischen Nationen ist ein Beleg dafür, dass der Säkularismus nicht in der Lage ist, große Nationen hervorzubringen.

Die Mehrzahl der Amerikaner möchte am liebsten nicht darüber diskutieren, ob ihre militärischen Interventionen in muslimischen Ländern moralisch gerechtfertigt waren. Die meisten geben aber immerhin zu, dass die Auswirkungen dieser Interventionen katastrophal waren. Die «Investition» von drei bis vier Billionen Dollar, um totalitäre Regime durch Demokratien zu ersetzen, hat den Menschen, denen sie nutzen sollte, unsägliches Elend verursacht. Sie hat die Korruption wachsen lassen und den Islamischen Staat möglich gemacht, der in den Augen des Westens ein Monster ist. Das heute vom Islamischen Staat kontrollierte Gebiet ist größer als Großbritannien, und in Zukunft will der IS Europa erobern. Die militärischen Interventionen des Westens wurden als etwas Gutes für die Welt verkauft, aber sie haben den Westen unsicher gemacht und ihn für die muslimische Welt zum Erzschurken werden lassen.

Der Westen verfügt über genügend militärische Ressourcen, um den Islamischen Staat innerhalb von Wochen zu zerschlagen. Doch das Problem ist: Da das Zeitalter der Ideologie vorbei ist, was soll dann die muslimischen Staaten zusammenhalten – das islamische Schwert oder eine unerprobte säkulare Macht?

Ein von einem Kalifen beherrschter Staat, in dem die Scharia gilt, ist eine islamische Alternative zur Brutalität säkularer, gemäßigter, «demokratischer» oder diktatorischer islamischer Nationen. Ein Kalifat verzichtet nicht auf Gewalt und Brutalität. Es heiligt sie durch Koranverse, religiöse Tradition und Erbherrschaft. Wenn die säkularen Herrscher der Türkei, des Iran, Afghanistans, Libyens, des Irak und Syriens das Problem der gescheiterten Staaten schufen, wie soll dann eine Rückkehr zur säkularen Demokratie oder Monarchie dieses Problem lösen? Das kann sie nicht, denn sie hat diesen Problemen nichts entgegenzusetzen.

Die Krise hat eine tiefere Dimension: Der Westen hat das Geheimnis aus dem Blick verloren, wie freie Nationen entstehen können. An säkularen Universitäten wird selten der wesentliche Unterschied zwischen einer Demokratie und einem Rechtsstaat gelehrt. Sie sind dazu nicht in der Lage, weil sie den geistlichen Ast abgesägt haben, der die Freiheit hervorbrachte, bei der eine demokratische Mehrheit die Minderheit eben nicht unterdrückt. Gegenwärtig herrscht eine so tiefe intellektuelle Verwirrung, dass es im Westen keinen Staatsmann gibt, der sagen kann: «Weil das Kernproblem des Islam geistlich ist, kann es für den muslimischen Nahostkonflikt keine nachhaltige militärische oder politische Lösung geben.»

Das Sykes-Picot-Abkommen zur Aufteilung des türkischen Reiches

Im Juni 2014 eroberte der Islamische Staat die wichtige irakische Stadt Mossul. Einen Monat später stand der Kalif des selbst ernannten Islamischen Staates in der Großen Moschee von al-Nuri. Dort verkündete Abu Bakr al-Baghdadi die Ziele seines Dschihad: «Dieser segensreiche Vormarsch [des Islamischen Staates] wird nicht zum Stillstand kommen, ehe wir den letzten Nagel in den Sarg der Sykes-Picot-Verschwörung eingeschlagen haben.»

Einfach gesagt, verfolgt der Dschihad das Ziel, die Nationalstaaten aufzulösen, die durch dieses Abkommen entstanden waren. Alle sunnitischen Gläubigen sollen sich unter einem Kalifen vereinen und die Fähigkeit zur Eroberung der Welt zurückgewinnen.

Großbritannien hielt Sir Mark Sykes (1879–1919) für einen Nahost-Experten. François Georges-Picot (1870–1951) war ein französischer Diplomat. Vom November 1915 bis zum März 1916 waren sie bevollmächtigt, einen Plan auszuarbeiten, wie das Vereinigte Königreich, Frankreich und das zaristische Russland nach dem Ersten Weltkrieg das türkische Reich aufteilen würden.

Die Länder, die wir heute als Syrien, Irak, Libanon, Jordanien, Israel, Ägypten, Libyen usw. kennen, gehörten alle vier Jahrhunderte lang dem Osmanischen Reich an. Dieses Reich wurde 1299 gegründet, über sechs Jahrhunderte vor der Entstehung der modernen Türkei. Schon 1389 war daraus ein riesiges

Imperium geworden, das sich über zwei Kontinente erstreckte, von Spanien bis nach Indien. Es beanspruchte das Recht, ein Kalifat zu werden, also die religiöse Obrigkeit zu sein, die über alle muslimischen Gemeinschaften herrschte.

1453 eroberten die Osmanen Konstantinopel, die Hauptstadt des Oströmischen Reiches und das religiöse Zentrum der orthodoxen Christenheit. Wenig später eroberte Sultan Süleyman der Prächtige (1494–1566) Westasien und Nordafrika.

Während der Regierungszeit Süleymans setzte Martin Luther 1517 die Reformation in Gang. Europas Rückkehr zur Bibel brachte einflussreiche Gedanken hervor, die sowohl die persönliche Frömmigkeit des Einzelnen als auch die Politik prägten. Die Reformation teilte das Heilige Römische Reich in unabhängige Länder auf. Die Bibel inspirierte ein neues Verständnis von Spiritualität, Menschenwürde, Arbeitsethik, Gleichheit aller Menschen, Menschenrechten, Familienleben, von Führung, den Prinzipien des Gemeinwesens, von demokratischer Kirchenverwaltung, Bildung, Wissenschaft und wirtschaftlichem Handeln. All das ließ die europäischen Länder stärker werden als das Osmanische Reich. Infolgedessen hatte Europa im neunzehnten Jahrhundert begonnen, das Osmanische Reich zu schwächen und dann zu besiegen.

Unsicherheit zwang das Osmanische Reich, sich mit dem post-christlichen Deutschland zu verbünden. Es trat in den Ersten Weltkrieg ein, um verloren gegangene Territorien zurückzugewinnen. Aber es wurde gemeinsam mit Deutschland besiegt. Nach dem Krieg teilten die Alliierten das Osmanische Reich auf. Das Sykes-Picot-Abkommen hatte die anatolische Region im Herzen des Osmanischen Reiches den Zaren zugeschrieben. Aber in Russland waren die Zaren von den Kommunisten gestürzt worden. So erlangte die Türkei den Status einer unabhängigen Nation.

Großbritannien und Frankreich setzten das Sykes-Picot-Abkommen um und brachten manche Teile Westasiens und Nordafrikas unter ihre «Kontrolle» und andere Teile unter ihren «Einfluss». Im Zweiten Weltkrieg schlug die Stimmung um – gegen Expansion und Kolonialismus. Die europäischen Mächte teilten die muslimischen Territorien (und Israel) noch weiter in unabhängige moderne Nationalstaaten auf.

Mit anderen Worten, Nationen wie die Türkei, Syrien, der Irak oder Libyen sind nicht durch den Islam entstanden. Die muslimische Politik-Philosophie glaubt nicht an Nationalstaaten mit festgelegten Grenzen. Der Islam brachte das Osmanische Kalifat im Nahen Osten und das Mogulreich in Indien hervor. Wie wir im nächsten Kapitel sehen werden, war die Verdrängung des Kalifats durch moderne «Nationen» die Folge einer biblisch begründeten westlichen Politik-Philosophie. Dieser weltanschauliche Konflikt zwischen einem Kalifat und einer «Nation» stellt eine wesentliche Komponente des gegenwärtigen «Kampfes der Kulturen» dar.

Kluge Köpfe sagten schon 1916 voraus, dass der Versuch, der muslimischen Kultur den westlichen Begriff der «Nation» aufzudrängen, misslingen würde. Der Diplomat Edward Mandell House (1858–1938) war im Weißen Haus als Berater des US-Präsidenten Woodrow Wilson tätig. Er sagte dem zukünftigen Außenminister Arthur Balfour, die Aufteilung der Levante gemäß dem Sykes-Picot-Abkommen sei keine gute Idee. «Sie machen daraus eine Brutstätte für zukünftige Kriege.»

Das Prinzip festgelegter Staatsgrenzen ist dem ursprünglichen Islam fremd. Schon aus pragmatischen Gründen lehnen islamische Intellektuelle willkürlich vom Westen festgelegte Ländergrenzen ab. Diese Grenzen, sagen sie, ignorieren ethnische, sprachliche und religiöse Unterteilungen. Die westlichen Entscheidungsträger, die diese Grenzen zogen, stehen unter dem Verdacht, dabei die kommerziellen und politischen Interessen ihrer eigenen Länder verfolgt zu haben, statt sich um das Wohlergehen der Menschen zu kümmern, über deren Geschicke sie entschieden.

Heute ist Sykes-Picot eine alte Geschichte. Hier sind ein paar Einblicke in die jüngeren Irrtümer des Westens aus muslimischer Sicht:

Ein Fall in Großbritannien

Im Oktober 2014 reiste Bherlin Gildo, ein siebenunddreißigjähriger Schwede, von Kopenhagen nach Manila, um seine philippinische Frau wiederzusehen. Auf dem Flughafen Heathrow wurde er festgenommen und terroristischer Aktivitäten in Syrien beschuldigt. Vor Gericht erklärte die Anklage, Gildo habe mit der Al-Nusra-Front zusammengearbeitet, einer «verbotenen Gruppierung, die als Zweig der Al-Qaida in Syrien gilt». Fotos zeigten Gildo stehend über am Boden liegenden Leichen, wie er mit dem Finger zum Himmel hinaufzeigte. Er verfügte über Informationen, die für Terroristen nützlich sein konnten.

Im Mai 2015 war das Verfahren der britischen Staatsanwaltschaft gegen ihn völlig in sich zusammengefallen. Gildos Verteidiger legten dem Gericht öffentlich zugängliche Informationen vor, nach denen die britische Regierung eben diese Terrorgruppe, deren Unterstützung man ihrem Mandanten vorwarf, ausgebildet, bewaffnet und finanziert hatte![11]

Unter anderem präsentierte die Verteidigung einen Artikel aus der Zeitung «The Guardian» vom 8. März 2013. Der Bericht handelte davon, dass der Westen in Jordanien syrische «Rebellen» ausbildete und ihnen Waffen lieferte. Dazu kamen zwei Artikel vom 24. März und 21. Juni 2013 aus der «New York Times». Auch diese Berichte schilderten die westliche Unterstützung für Milizen in Syrien. «The London Review of Books» vom 14. April 2014 brachte an den Tag, dass britische Agenten an der Überführung großer Mengen amerikanischer M16-Sturmgewehre von Libyen nach Syrien beteiligt waren. Die USA verkauften ihre M16-Bestände, um sie durch M4-Karabinergewehre als vorrangige Waffe für ihre eigene Infanterie zu ersetzen.

Diese geringfügigen Belege reichten aus, um die britische Regierung zu blamieren. In aller Eile stellte sie das Verfahren ein, damit die Öffentlichkeit nicht noch mehr über die schmutzigen Details der britischen Unterstützung des «Terrorismus» unter dem offiziellen Deckmantel der «Rebellion gegen einen Diktator» erfuhr.

Afghanistan: Jimmy Carters «Operation Cyclone»

Der polnisch-amerikanische Politikwissenschaftler und Geostratege Zbigniew Brzezinski wurde am 8. März 1928 geboren. Er war einer von Jimmy Carters «Ratgeber-Gurus» und stieg zum Berater für nationale Sicherheit auf, als Carter Präsident wurde. Der sowjetrussische KGB zettelte den Staatsstreich vom 27. April 1978 an, bei dem der afghanische Präsident Mohammed Daoud Khan abgesetzt wurde. Auf Brzezinskis Rat hin veranlasste Präsident Carter am 3. Juli 1979 eine finanzielle Unterstützung der afghanischen «Guerillas». Daraufhin startete die amerikanische CIA die «Operation Cyclone», um afghanische Mudschahedin auszubilden, zu bewaffnen und zu finanzieren und so dieser kommunistischen Revolution entgegenzutreten. Manche der so Ausgebildeten gründeten dann Terrorgruppen wie die Taliban und Al-Qaida.

Sechs Monate später, am 24. Dezember 1979, marschierte die Sowjetunion in Afghanistan ein, um das drohende Scheitern des dortigen kommunistischen Regimes zu verhindern. Die Sowjetunion hatte sich schon seit langem um strategischen Einfluss auf Iran, Pakistan und Indien bemüht. Brzezinski gab später zu, die Sowjetunion bewusst nach Afghanistan gelockt zu haben, damit sie dort eine ähnliche Demütigung erführe, wie die USA sie in Vietnam erlebten. «An dem Tag, an dem die Sowjets offiziell die Grenze [nach Afghanistan] überschritten, schrieb ich an Präsident Carter: Wir haben jetzt die Möglichkeit, der UdSSR ihren Vietnamkrieg zu verpassen.»[12]

Der sowjetische Militärschlag vertrieb weitere 5,6 Millionen afghanische Flüchtlinge nach Pakistan und in den Iran.[13] Als Muslime hätten sie ihr Schicksal als Gottes Willen hinnehmen können – *inschallah*. Ein wahrer Staatsmann, dem Afghanistan am Herzen lag, hätte die Flüchtlingslager zu Trainingszentren für Leute gemacht, die vom Aufbau einer neuen afghanischen Republik träumten. Aber Brzezinski war nur ein Stratege des Kalten Krieges. Er schulte und bewaffnete lediglich Guerillas, um die UdSSR zurückzuschlagen.

Brzezinski machte schnell die Erfahrung, dass sich die ohnmächtigen Flüchtlinge mit Geld allein nicht dazu motivieren ließen, auf die blutigen Schlachtfelder zurückzukehren, sich der schwächeren Seite anzuschließen und sich umbringen zu lassen. Um hilflose Flüchtlinge in Märtyrer zu verwandeln, braucht man Idealismus. Um der Fantasie der Flüchtlinge auf die Sprünge zu helfen, griffen die Strategen unter Brzezinskis Kommando zum islamischen Fundamentalismus; denn allein für den Kalten Krieg der Amerikaner gegen den Kommunismus hätten die Flüchtlinge nicht ihr Leben riskiert. Die Strategie, aus Flüchtlingen Guerillas zu machen, war auf Osama Bin Laden und seine Organisation Al-Qaida angewiesen. Der Islam konnte zwar die Flüchtlinge nicht mit einem Freiheitsgedanken inspirieren, aber zumindest konnte er aus dem Kalten Krieg einen heißen Dschihad machen – einen Kampf der Religionen gegen den gottlosen Kommunismus. Al-Qaida bedeutet «die Basis», «das Fundament».

Osama Bin Laden war der Sohn eines wohlhabenden saudischen Industrieunternehmers. Noch 1979 ging er von Saudi-Arabien nach Pakistan, als gerade die ersten afghanischen

Flüchtlinge dort eintrafen. Osama half mit, aus diesen Flüchtlingen Dschihadisten zu machen. 1980 lernte Osama den 1951 geborenen Aiman az-Zawahiri kennen, der zum zweiten Mann in der Befehlskette avancierte und Amerikas Kalten Krieg in einen islamischen Dschihad verwandelte. Ich mache die amerikanische Theologie für diesen äußerst tragischen Ausgang mitverantwortlich. Es war ihre Überzeugung, das Reich Gottes werde erst nach der Wiederkunft Christi anbrechen – was die amerikanischen Christen dazu brachte, Amerikas Außenpolitik vollständig den Säkularisten zu überlassen.

Osama Bin Laden befand sich gerade in Peschawar an der pakistanisch-afghanischen Grenze, um Gelder aufzutreiben, als er Zawahiri traf. Zawahiri, ein ausgebildeter Arzt, arbeitete für den Roten Halbmond (den islamischen Partner des Internationalen Roten Kreuzes) unter Flüchtlingen. Peschawar war schon seit langem ein Zentrum des Schwarzmarktes für Waffen und Drogen. Der Ruf zum militanten Islam war in der Islamischen Republik Pakistan willkommen. Sie half mit, die Taliban zu gründen und zu unterstützen.

Zawahiri hatte sich durch die Werke von Sayyid Qutb radikalisiert. Er wiederum machte Osama zu einem bewussten Muslim. Zawahiri war so gebildet, wie Osama reich war. Damit bot das Duo die idealen Voraussetzungen, um das fehlende Glied im amerikanischen Krieg zu bilden: Von den Amerikanern ausgebildete und vom Islam inspirierte Mudschahedin mutierten zu den Taliban und zur Al-Qaida und besiegten die Sowjetunion. 1991 brach das Sowjetreich zusammen. Aber: 1996 hatte Al-Qaida eine Wendung vollzogen und begonnen, die

Hand zu beißen, die sie fütterte. Von nun an waren die Vereinigten Staaten von Amerika ihr größter Feind. Ein französischer Journalist fragte Brzezinski:

Frage: «Bereuen Sie es, den islamischen integrisme [die Fusion von Islam und Politik] unterstützt und zukünftige Terroristen mit Waffen und Ratschlägen versorgt zu haben?»

Brzezinski: «Was ist wichtiger für die Weltgeschichte? Die Taliban oder der Zusammenbruch der Sowjetunion? Ein paar aufrührerische Muslime oder die Befreiung Mitteleuropas und das Ende des Kalten Krieges?»

Frage: «Ein paar aufrührerische Muslime? Aber es ist doch wiederholt gesagt worden: Der islamische Fundamentalismus stellt heute eine Bedrohung für die Welt dar.»

Brzezinski: «Unsinn!»[14]

Brzezinski war außerordentlich intelligent. Aber seine Bildung und seine Weltanschauung verschafften ihm nicht das Rüstzeug, um den «radikalen» (militanten) oder «apokalyptischen» Islam zu verstehen. Leider war er nicht der Einzige. Er demütigte sich auch nicht, um Gottes Weisheit zu suchen. Vielleicht hat er Präsident Carter nicht einmal gesagt, dass er das Deutschland des Ersten Weltkrieges imitierte.

Am 2. August 1914 wurde zwischen dem Deutschen und dem Osmanischen Reich eine heimliche und für beide Seiten verhängnisvolle politische Ehe geschlossen: Max von Oppenheim, ein adliger deutscher Abenteurer und Diplomat, hatte versucht, den Islam in den Kampf gegen Großbritannien einzuspannen. Er überredete Wilhelm II., den letzten deutschen Kaiser und König von Preußen, für muslimische Kriegsgefangene ein besonderes Lager zu bauen, sie gut zu behandeln und sie zu radikalen Muslimen zu machen. Dann konnte man sie kaufen, um gegen das britische Empire einen Dschihad zu starten. Der Kaiser schwor, «die ganze mohammedanische Welt» gegen die Briten zu «entflammen», und befahl den Bau des Halbmondlagers in Zossen in der Nähe von Berlin. Der deutsche Staat bezahlte den Bau einer der ersten Moscheen auf seinem Boden, freilich ohne jegliche religiöse Motive. Er versorgte die Kriegsgefangenen mit islamischen Texten und radikalen Lehrern.

Leider war Brzezinski nicht der Einzige, der den wahren Islam unterschätzte. Kaum jemand nahm Notiz davon, als Osama Bin Laden im August 1996 sein dreißigseitiges islamisches Edikt (Fatwa) gegen Amerika erließ. Jene Fatwa trug den Titel: «Kriegserklärung gegen die amerikanischen Besatzer des Landes der zwei heiligen Stätten.» Dieses Schriftstück, auch «Bin Ladens Epistel» genannt, ging per Fax bei den Medien ein. Darin waren die amerikanischen Aktivitäten aufgelistet, die nach Meinung Bin Ladens für Muslime nicht akzeptabel waren. Von den Medien wurde Bin Ladens Fatwa größtenteils ignoriert. In der in London erscheinenden arabischen Zeitung «Al-Quds Al-Arabi» erschien sie jedoch.

Die Hauptaussage der Fatwa war einfach folgende: Amerika hatte sich genau desselben Vergehens schuldig gemacht wie die Sowjetunion. Amerika wurde beschuldigt, in muslimische Länder einmarschiert zu sein und unmoralische Marionettenregime errichtet zu haben, die im Dienst seiner eigenen wirtschaftlichen oder politischen Interessen standen.

Nur achtzehn Jahre zuvor, 1979, hatte Ayatollah Ruhollah Khomeini im Iran eine schiitische islamische Revolution gegen Irans Mohammad Reza Schah Pahlavi angeführt. Aus Furcht vor einem Umsturz bekämpfte der Sunnit Saddam Hussein während der nächsten Dekade (1980–1988) den schiitischen Iran. Jene innerislamischen Revolutionen und Kriege forderten schätzungsweise eine halbe bis eine ganze Million Todesopfer. Aus Angst vor Khomeinis islamischer Revolution wurde die Welt blind gegenüber Saddams illegalem Einmarsch im Iran.

Nachdem die Welt über seinen Krieg gegen den Iran nur die Achseln gezuckt hatte, rechnete Saddam Hussein nicht mit Widerstand gegen seine Invasion im sunnitischen Kuwait 1990. Er musste die Kosten für seinen katastrophalen Krieg gegen den Iran decken, und der sunnitische König Fahd von Saudi-Arabien und die kleinen Golf-Emirate fürchteten, die Nächsten zu sein, die in Saddams Visier geraten könnten.

Hussein verfügte über die sechstgrößte Armee der Welt mit etwa einer Million Mann. In seiner Verzweiflung bat der saudische König und «Hüter der zwei heiligen Moscheen» (in Mekka und Medina) formell um die Hilfe der Amerikaner und anderer nichtmuslimischer Kräfte bei der Verteidigung seines Königreichs. Ein ölreiches Land zu verteidigen – nun, das kam den USA nur gelegen.

Konfrontiert mit einem Diktator, der es darauf anlegte, den Nahen Osten zu erobern und die Kontrolle über vierzig Prozent der weltweiten Ölvorkommen an sich zu reißen, verlangten die

Vereinten Nationen von Saddam Hussein den Abzug der irakischen Armee aus Kuwait bis Mitte Januar 1991.

Am 19. Januar 1991 erließ der Rat der Ulama, Saudi-Arabiens höchste religiöse Instanz, eine Fatwa, in der ein Dschihad (heiliger Krieg) ausgerufen wurde, um Saddam Hussein aus Kuwait zu vertreiben. Dieser Aufruf richtete sich an alle Muslime UND an «all jene, die sie unterstützen». Daraufhin unterstützte die Islamische Weltliga diese Fatwa und erlaubte den Einsatz nichtmuslimischer Truppen in Saudi-Arabien.[15]

Präsident George Bush (senior) führte eine Koalition von zweiunddreißig Ländern an (darunter zwölf muslimische Länder), um im Ersten Golfkrieg den Irak aus Kuwait zu vertreiben. Fahd, der Hüter der zwei heiligen Stätten, stützte sich auf amerikanische Truppen, nicht auf die Mudschahedin der Al-Qaida.

Der gebürtige Saudi Osama Bin Laden war noch kaum bekannt, als er im Februar 1998 seine zweite Fatwa gegen Amerika erließ. Unter Berufung auf den Koran erhob diese Fatwa den Anspruch, sie sei «Gottes Befehl, die Amerikaner zu töten und ihr Geld zu plündern, wo immer und wann immer sie zu finden sind».

Vier der fünf Personen, die die Fatwa unterzeichneten, repräsentierten islamische Gruppen in Afghanistan, Bangladesch, Ägypten und Pakistan. Das bedeutete, dass die Samenkörner der islamischen Revolution, die von der Muslimbruderschaft ausgestreut worden waren, überall auf der Welt aufgingen. Der sunnitische Dschihad der Afghanen schwoll zu einer internationalen Dschihad-Bewegung an.

Die Unterzeichner nannten sich selbst die «Weltweite Islamische Front für den Dschihad gegen Juden und Kreuzritter». Mit den «Kreuzrittern» war der «christliche» Westen gemeint, obwohl die Kirche und das Christentum mit den unseligen Machenschaften des Westens im Nahen Osten der letzten Zeit nichts zu tun hatten.

Inspiriert vom Koran und der islamischen Tradition wandte sich Osamas Fatwa gegen die amerikanische Militärpräsenz in Saudi-Arabien, dem Heiligen Land der Muslime. Diese private Fatwa widersprach den offiziellen Fatwas seitens des saudischen Rates der Ulama und der Islamischen Weltliga. In diesen Fatwas war Nichtmuslimen ausdrücklich erlaubt worden, nach Saudi-Arabien zu kommen.

Die inoffizielle Weltweite Islamische Front opponierte gegen die Sanktionen gegen den Irak und verurteilte Amerikas Unterstützung für Israel. Die Welt ihrerseits machte sich mehr Sorgen darum, dass Saddam Hussein chemische Waffen einsetzte. Sie erinnerte sich an den Ersten Weltkrieg und die Soldaten, die durch chemische Waffen unter unerträglichen Schmerzen starben, qualvoll nach Atem ringend. Die Abscheu vor dem grauenhaften Todeshauch des Giftgases, von dem Menschen im Ersten Weltkrieg niedergestreckt wurden, war so groß, dass die Welt alle chemischen Waffen mit einem Bann belegt hatte. Achtundsechzig Länder, einschließlich des Irak, hatten die Genfer Konvention von 1926 ratifiziert. Doch das hielt Saddam Hussein nicht davon ab, das Todesgift sowohl auf den Iran als auch auf seine eigenen rebellierenden Untertanen herabregnen zu lassen.

Kalte, zusammengekrümmte Leichen kurdischer Kinder, Mütter und Väter lagen im März 1988 auf den Straßen von Halabdscha verstreut. Berichten zufolge wurden auf Befehl des Verteidigungsministers Ali Hasan al-Madschid 5000 Menschen niedergemäht. Doppelt so viele wurden bei dem größten Chemie-Angriff der Geschichte gegen Zivilisten schwer verletzt. «Chemie-Ali» setzte gegen mindestens vierzig kurdische Städte und Dörfer giftige «Cocktails» aus VX-Gas, Sarin und TABUN ein.[16] Insgesamt wurden in Saddams Genozid gegen die Kurden mindestens 100.000 Menschen getötet und 2000 Dörfer zerstört.

Es gibt reichlich Anlass, die Unvoreingenommenheit und Glaubwürdigkeit der UNO infrage zu stellen. Doch zur Stunde ist die UNO immer noch weltweit das wichtigste Forum für Friedensverhandlungen. Die Sonderkommission der Vereinten Nationen (UNSCOM) zog aus den Indizien den falschen Schluss, der Irak entwickle weiterhin Massenvernichtungswaffen, die er vor der Welt verborgen halte.

Die UNO-Resolutionen gegen den Irak basierten auf schlechter Aufklärung. Bin Ladens Fatwas dagegen gründeten sich auf islamische religiöse Gesichtspunkte. Sie ermächtigten Muslime zur wahllosen Tötung von Amerikanern und Juden, wo immer sie zu finden waren.

Am 7. August 1998, dem siebten Jahrestag der Ankunft amerikanischer Truppen in Saudi-Arabien zum Einsatz im Ersten Golfkrieg, schlug Al-Qaida zu. Sie bombardierte ohne Vorwarnung die amerikanischen Botschaften in Daressalam (Tansania) und Nairobi (Kenia). Beim Anschlag in Nairobi starben 213 Menschen (darunter ein Freund von mir). 4000 wurden verletzt. Die Bombe in Daressalam tötete elf und verwundete fünfundachtzig Menschen.

Seit diesen Anschlägen standen Osama Bin Laden, Zawahiri und Al-Qaida ganz oben auf der Liste der meistgesuchten Terroristen der Welt.

Als Nächstes beauftragte und finanzierte Al-Qaida die Anschläge gegen die USA am 11. September 2001. Neunzehn zu allem entschlossene Dschihadisten entführten vier Linienflugzeuge und inszenierten die spektakulärsten Selbstmordanschläge aller Zeiten. Zwei Maschinen stürzten in die Zwillingstürme des New Yorker World Trade Center. Das dritte flog ins Pentagon in Washington, D. C. Das vierte Flugzeug war ebenfalls auf dem Weg nach Washington, D. C., um das Kapitol oder das Weiße Haus anzugreifen. Es stürzte jedoch vorher im ländlichen Pennsylvania ab, weil mutige Passagiere unter Aufopferung ihres Lebens den Terroristen Widerstand leisteten. Bei diesen Angriffen wurden insgesamt 2992 Menschen getötet und weit über 6000 verletzt. Allein die Versicherungsforderungen für die Schäden lagen bei vierzig Milliarden Dollar. Die Gesamtkosten einschließlich der Ausgaben für die zwei Kriege, die daraus entstanden, werden auf über fünf Billionen Dollar geschätzt.

Präsident George W. Bush schlug zurück – genau wie Osama Bin Laden es wollte! Nach der islamischen Apokalyptik wird sich am Ende der Zeit «Rom», die ungläubige Welt, vereinen, um gegen den Islam zu kämpfen.[17] Diese apokalyptische Erwartung eines weltweiten Krieges gegen den Islam lieferte die Motivation für die Rekrutierungstätigkeit und den Terrorismus des Islamischen Staates. Sie inspirierte ihn dazu, aufsehenerregende, spektakuläre Ereignisse zu inszenieren, um die Welt dazu zu provozieren, ihn zu bekämpfen.

Als die Taliban sich weigerten, Osama Bin Laden auszuliefern, startete Präsident Bush am 7. Oktober 2011 die Operation Enduring Freedom: Er schickte die amerikanische Armee nach Afghanistan, um Al-Qaida zu zerschlagen. Afghanistan und Pakistan zählten zwischen 2001 und 2014 etwa 149.000 Kriegstote.[18] Demgegenüber hatte Afghanistan im sowjetisch-afghanischen Krieg zwischen 1,2 und zwei Millionen Todesopfer zu beklagen gehabt.[19] Aufgrund der sowjetischen und amerikanischen Afghanistankriege radikalisierten sich Millionen von Muslimen.

Russland brauchte – anders als damals die USA – nicht Al-Qaida zu finanzieren, um Amerika nach Afghanistan und in den Irak zu locken. Für Osama war die Religion eine völlig ausreichende Motivation. Ehe er am 2. Mai 2011 getötet wurde, hatte Osama die Führer des Westens in einem Morast gefangen, der viel schlimmer war als Vietnam.

George W. Bush, Tony Blair und der Irak

US-Präsident George W. Bush und der britische Premierminister Tony Blair stellten eine Koalition zusammen, um den Irak zu befreien. Saddam wurde besiegt, gefangen, vor Gericht gestellt und hingerichtet. Indessen wurden im Irak zwar etwa 5000 ältere chemische Gefechtsköpfe, Minen oder Luftbomben gefunden,[20] doch das erwartete große, aktive Arsenal an Massenvernichtungswaffen blieb unauffindbar.

W. J. M. Davids leitete 2008 einen unabhängigen siebenköpfigen holländischen «Irak-Untersuchungsausschuss», um zu ermitteln, ob die Invasion im Irak gerechtfertigt war. Davids war ein ehemaliger Präsident des Obersten Gerichtshofes der Niederlande. Die Untersuchung kam einstimmig und eindeutig zu dem Urteil, dass «die in den 1990er Jahren verabschiedeten Resolutionen des Sicherheitsrates kein Mandat für die amerikanisch-britische Intervention von 2003 darstellten».[21]

Mit anderen Worten, die amerikanische Invasion im Irak war nicht gerechtfertigt.

Saddam ignorierte in der Tat vierzehn UN-Resolutionen. Er hatte Gründe, an ihrer Unparteilichkeit zu zweifeln. Dann jedoch ging er anscheinend noch einen Schritt weiter und versuchte, Präsident George H. W. Bush töten zu lassen. Als Antwort darauf wurde 1998 der Iraq Liberation Act vom amerikanischen Kongress verabschiedet und von Präsident Bill Clinton unterzeichnet.[22] Diese Entscheidung hatte nichts zu tun mit den angeblichen Massenvernichtungswaffen. Basierend auf Verstößen gegen das «Völkerrecht», wie es vor allem durch den säkularen Westen definiert war, unterstützte dieser Schritt des US-Kongresses demokratische Bewegungen und einen Regimewechsel im Irak.

Präsident Bush hatte sich möglicherweise von seinen neokonservativen Strategieberatern hinters Licht führen lassen. Diese waren Moral-Relativisten, denen offenbar Strategie wichtiger war als Ethik. Durch ihr Gerede über Massenvernichtungswaffen manipulierten sie die amerikanischen Wähler dazu, eine kostspielige Invasion im Irak zu unterstützen. Der hohe Preis dafür besteht zu einem großen Teil aus einem Verlust der Glaubwürdigkeit Amerikas. Nur durch eine nationale Umkehr kann ein Anfang gemacht werden, um das Vertrauen in die amerikanische Integrität wiederherzustellen.

Präsident George H. W. Bush, der Vater von Präsident George W. Bush und Vorgänger von Bill Clinton, hatte 1990 bis 1991 den Ersten Golfkrieg gegen Saddam Hussein geführt. Saddam hatte diesen Krieg ausgelöst, indem er 1990 in das ölreiche Kuwait einmarschiert war, mit der Begründung, es gehöre ursprünglich zum Irak. Nun schien er dicht davor zu sein, die Golfstaaten zu übernehmen und vierzig Prozent der weltweiten Ölvorkommen unter seine Kontrolle zu bringen. Ein weiteres Ziel Saddams war es, die arrogante Herrscherfamilie al-Sabah zu demütigen.

Die ganze Welt empörte sich gemeinsam mit Bush senior über den Einmarsch des Irak in Kuwait. Saddam Hussein signalisierte die Bereitschaft zu einem bedingten Abzug. Der sowjetische Präsident Michail Gorbatschow drängte Präsident Bush dazu, nicht den Fehler zu wiederholen, den die Sowjetunion in Afghanistan gemacht hatte, sondern auf eine Lösung der Kuwait-Krise am Verhandlungstisch hinzuarbeiten.

Es wäre Amerikas Christenpflicht gewesen, den Versuch zu unternehmen, auf friedlichem Wege einen Abzug der irakischen Streitkräfte aus Kuwait zu erreichen. Immerhin war Amerika 1990 immer noch ein mehrheitlich christliches Land. Doch theologische Zeitströmungen hatten dazu geführt, dass sich amerikanische Christen nicht mehr für Politik interessierten, außer in einigen innenpolitischen Fragen, die mit der Ethik der persönlichen Lebensführung zu tun hatten, etwa beim Thema Abtreibung.

Die bibelgläubige Gemeinde hatte durch ihre besondere Sicht der Endzeit das Interesse an den feinen Verästelungen internationaler Beziehungen verloren. Ein Großteil der Gemeinde in Amerika wartete darauf, dass Jesus zurückkehren und sie in den Himmel entrücken würde. Nur wenige sprachen noch davon, dass es die Aufgabe eines Christen ist, darum zu beten und dafür zu arbeiten, dass auf Erden Gottes Wille geschieht. Infolgedessen waren Präsident Bushs außenpolitische Berater vom Neo-Konservativismus geleitet und nicht vom biblischen Christentum.

General Norman Schwarzkopf, der Kommandeur der amerikanischen Einsatztruppen, befürwortete Gorbatschows Friedensplan. Doch Saddam verkomplizierte die Situation, indem er Israel bedrohte. Diese Drohgebärde im falschen Moment verstärkte die Ansicht, dass der Irak nur mit Gewalt aus Kuwait zu vertreiben sei. Leider lehnte Amerika Gorbatschows Bemühungen, Hussein einen Rückzug ohne Gesichtsverlust zu ermöglichen, ab, ohne auch nur einen Versuch in dieser Richtung zu unternehmen. Geistliche Reife und Weitblick passten nicht zu den vermeintlichen Amtspflichten der arroganten amerikanischen Außenpolitik-Experten.

Die Rüstungsindustrie war nicht die einzige Lobby, die Interesse an diesem Krieg hatte. Dick Cheney war unter Bush senior Verteidigungsminister, hatte aber auch Interessen im Ölgeschäft. So wurde er, ob zu Recht oder zu Unrecht, als Symbolfigur der amerikanischen Öl-Lobby wahrgenommen.

Durch Saddams Einmarsch in Kuwait war die saudische Führung so nervös geworden, dass sie amerikanische Soldaten in ihr heiliges Land einlud. Den amerikanischen Streitkräften passte es gut in den Kram, für die Sicherheit nahöstlicher Ölprojekte zu sorgen. «Ungläubige» Soldaten in Saudi-Arabien – das war für Osama Bin Laden nach seinen eigenen Worten der wichtigste Beweggrund für seinen Kampf gegen Amerika.

Zu den tieferen Gründen gehörte die Tatsache, dass der Islam die Welt in das Haus des Islam (Dar al-Islam) und das Haus des Krieges (Dar al-Harb) aufteilt. Der gemäßigte Islam, der nicht gegen die nichtislamische Welt kämpft, gilt als kompromittiert. Terroristische Akte erscheinen Säkularisten nur deshalb sinnlos, weil sie nicht verstehen, dass diese Akte geplant sind von Muslimen, die dem «ursprünglichen» Islam anhängen, um Feindschaft zwischen Muslimen und Nichtmuslimen zu erzeugen. Ihre Rechnung lautet: Sobald Nichtmuslime anfangen, Rache an gemäßigten Muslimen zu nehmen, fangen viele gemäßigte Muslime an, die Militanten als ihre Retter zu betrachten.

Die vielleicht größte Tragödie während des Ersten Golfkrieges war, dass der berühmte amerikanische Pastor Billy Graham, als die amerikanische Air Force anfing, die irakischen Truppen zu bombardieren, ins Weiße Haus kam, um mit Präsident Bush senior zu beten. Billy Graham war Amerikas angesehenster Evangelist. Er sah seine Rolle darin, Seelen in den Himmel zu bringen. «Friede auf Erden» mag die Mission Christi gewesen sein, aber die amerikanischen Evangelikalen hatten sich schon eine Generation vor Billy Graham davon verabschiedet. Präsident Bush brauchte Billy Grahams Gebete, um sich vor der

Öffentlichkeit reinzuwaschen. Dieses gemeinsame Gebet half außerdem der Partei der Republikaner, die Stimmen der Christen zu gewinnen.

Die amerikanische Kriegsmaschinerie war unaufhaltsam. Sie zerstörte Panzer und Fahrzeuge und mähte irakische Berufssoldaten und Wehrpflichtige nieder und setzte sie in Brand, während sie flohen. Die ganze Operation dauerte gerade einmal hundert Stunden. Zum Glück hatte Bush senior wenigstens einige Lektionen aus den amerikanischen Torheiten in Vietnam und den sowjetischen Missgeschicken in Afghanistan gelernt. Er hielt sich an die Ermächtigung der UNO und marschierte nicht im Irak ein.

Danach hatten die amerikanischen Geheimdienste gewarnt, der Irak werde «keinen fruchtbaren Boden für die Demokratie bieten, und vorausgesagt, es werde eine lange, schwierige und turbulente Übergangszeit geben: Im tief gespaltenen Irak, in dem die Sunniten aufgebracht sind über den Verlust ihrer Vorherrschaft und die Schiiten eine Machtposition anstreben, die ihrem Mehrheitsstatus entspricht, bestehe eine hohe Wahrscheinlichkeit gewaltsamer Konflikte zwischen den beiden Gruppen ...»[23]

Doch 2003 hatte das amerikanisch-englische Duo Bush/Blair jene Lektionen vergessen und ignorierte diese Warnungen. Unter Berufung auf UNO-Resolutionen bildeten sie eine Koalition zum Sturz Saddam Husseins. Ihr Plan war, einen schrecklichen Diktator durch eine demokratische Regierung zu ersetzen. Doch aus der Sicht der militanten Muslime war es genau umgekehrt: Ihrer Meinung nach lieferte Präsident Bush lediglich den

Beweis für ihren Vorwurf, er lasse die Geisteshaltung der Kreuzritter wieder aufleben.

Wie vorhergesagt, führte der Regimewechsel dazu, dass die Macht von der sunnitischen Minderheit auf die schiitische Mehrheit überging. Davon, dass die herrschende Mehrheit auch die Rechte der Minderheit schützen müsse, war keine Rede, denn diese Rechte gehen auf den Schöpfer zurück und nicht auf den Staat. So war die Mehrheit automatisch immer im Recht.

Die US-Truppen gaben sich alle Mühe, Sunniten und Schiiten zum gemeinsamen Kampf gegen Al-Qaida zu bewegen. Doch dann wirkte der eklatante Missbrauch demokratischer Macht durch die schiitische Mehrheitsregierung, unterstützt von einer «Kreuzritter»-Armee, wie eine Einladung für die sunnitische Al-Qaida in den Irak. So begann der sunnitisch-schiitische Sektenkrieg im Irak. Viele radikalisierte Iraker flüchteten sich in das mehrheitlich sunnitische Syrien.

Schon 2003 hatten die neo-konservativen Republikaner gesagt, nach Saddam Hussein müsse Amerika auch den syrischen Diktator Baschar al-Assad stürzen. Präsident Obama hatte für den Schiiten Assad ebenso wenig übrig wie Bush junior für den Sunniten Saddam Hussein. Sowohl Assad als auch Saddam hatten politische Gegner brutal aus dem Weg geräumt, auch mit Giftgas.

Brzezinskis Amerika hatte Al-Qaida bereits beigebracht, wie man aus Flüchtlingen Guerilla-Terroristen macht. Diese Taktik wandte Al-Qaida nun bei den Flüchtlingen aus Irak und Syrien an. Die Obama-Regierung bewilligte 500 Millionen Dollar, um sunnitische Rebellen auszubilden, die den Schiiten Assad stürzen wollten. Die sunnitische Al-Qaida unterstützte Obamas Mission. Ihre unabhängige Beteiligung an dem gemeinsamen Bemühen zum Sturz eines schiitischen Diktators war so erfolgreich, dass die amerikanischen Geheimdienste schon im August 2012 voraussagten, die Rebellen seien im Begriff, eine neue «Salafismus-Herrschaft [den Islamischen Staat] in Ostsyrien» zu errichten. Diese Vorhersage erfüllte sich rasch.

Wir könnten erörtern, wie der amerikanisch-iranische Konflikt dazu führte, dass der iranische Religionsführer Ayatollah Khomeini die Vereinigten Staaten von Amerika als den großen Satan (*Shaytân-e Bozorg*) oder den Oberteufel (*Iblis*) brandmarkte. Doch vorerst wird es genügen, zusammenzufassen, wie auch gute Präsidenten wie Ronald Reagan Khomeinis Sichtweise verstärken konnten.

Präsident Reagan und Libyen

Nach Jimmy Carter wurde 1981 Ronald Reagan Präsident der USA. Auch er sah die Welt durch die Brille des Kalten Krieges mit der Sowjetunion.

Damals war das nordafrikanische Libyen ein fragiler Staat, zusammengehalten von dem Revolutionsführer und Diktator Oberst Muammar Muhammad Abu Minyar al-Gaddafi. Gaddafi war arrogant, aber Reagan hätte sich als großmütiger Christ zeigen können. Er hätte Gaddafi mit Segen begegnen, seine Stärken würdigen und ihm den Weg der dienenden Führung aufzeigen können. Stattdessen entschloss sich Reagan, auf Gaddafis Provokationen mit Härte zu reagieren. Sein Vorgehen verschaffte den USA einen imperialistischen Anstrich und stellte Gaddafi als antiimperialistischen Helden hin.

1973 veranstaltete Amerika Seemanöver in internationalen Gewässern in der Großen Sirte, die von Libyen als Hoheitsgewässer beansprucht wurde. Libyen soll 1973 und 1980 amerikanische Aufklärungsflugzeuge beschossen haben. Als die Anschuldigung laut wurde, libysche Teams hätten Anschläge auf amerikanische Botschaftsangehörige geplant, wies Präsident Reagan libysche Diplomaten aus Washington aus.

1981 ließ Libyen zwei SU-42-Maschinen starten, die (nach Angaben der USA) amerikanische F-14-Flugzeuge beschossen. Sie wurden von den amerikanischen Maschinen abgeschossen. Deshalb wurde die libysche Botschaft in Washington, D. C. geschlossen, und Reagan wies amerikanische Unternehmen an, ihr amerikanisches Personal in Libyen zu reduzieren. Im März 1982 begannen die USA, libysches Öl zu boykottieren. Die jährlichen Öleinkünfte Libyens stürzten daraufhin von 21 auf 5,4 Milliarden Dollar ab.

Im Januar 1986 wiesen die USA alle amerikanischen Unternehmen an, ihre Geschäfte mit Libyen einzustellen. Im Frühjahr unternahm die US Navy erneut Manöver in den internationalen Gewässern der Großen Sirte. Das libysche Militär ging dagegen vor, und die USA versenkten mehrere libysche Schiffe.

Keinen Monat später, am 5. April 1986, explodierte in der Diskothek *La Belle* in Westberlin eine Bombe. Sie tötete drei Menschen, darunter zwei amerikanische Soldaten. 230 Gäste wurden verletzt, davon 75 amerikanische Armeeangehörige. Geheimdienste fingen eine Telex-Nachricht aus Libyen an die libysche Botschaft in Ostberlin ab. Darin wurde dieser zu dem gut gemachten Job gratuliert.

Die CIA warnte, ein Angriff gegen Libyen würde Gaddafis Image stärken. Die europäischen Verbündeten mit Ausnahme Großbritanniens erhoben ebenfalls den Einwand, ein Bombenangriff gegen Libyen sei völkerrechtswidrig. Reagan ließ sich jedoch davon nicht abschrecken und startete am 15. April 1986 die Operation «El Dorado Canyon». Amerikanische Luftstreitkräfte bombardierten militärische Einrichtungen in Libyen, die Hauptstadt Tripolis, Gaddafis Behausung und die Stadt Benghasi. Zwischen fünfzehn und dreißig Libyer wurden getötet, und zwei Söhne Gaddafis erlitten Verwundungen.

Reagans Bombenangriffe gegen Libyen verstärkten Gaddafis antiimperialistisches Image in der ganzen arabischen Welt. Reagans Beliebtheit in den USA schoss in die Höhe, aber international wurde er verurteilt. Sein Vorgehen ließ Khomeinis Charakterisierung Amerikas als «Großen Satan» und die Etikettierung als «Kreuzritter» durch Osama Bin Laden plausibel erscheinen.

Verglichen mit repressiven islamischen Regimen, seien es Demokratien oder Diktaturen, waren die amerikanischen Präsidenten von Carter bis Obama die reinsten Gentlemen. Viele von ihnen waren Christen. Sie alle hatten Pastoren, die ihnen als Freunde und Ratgeber zur Seite standen. Doch wie es scheint, verfügte keiner von ihnen über Berater, die ihnen helfen konnten, sich in der Außenpolitik von Gottes Weisheit leiten zu lassen. Keiner von ihnen verstand, dass ein Regimewechsel durch militärische Gewalt keine dienenden Führer hervorbringt. Demokratische Institutionen bleiben oberflächlich, wenn die Verantwortungsträger nicht gelernt haben, dienend zu führen, und die Bürger nicht in ihrem Denken, ihrem Handeln und in ihren Herzen erneuert werden.

Bei all ihren Unzulänglichkeiten waren die meisten amerikanischen Präsidenten gute Männer. Sie wollten der Welt zum Segen werden und sie zum Besseren verändern. Doch sie trugen nur wenig dazu bei, das Denken der Muslime zu erneuern. Ihnen stand die säkulare amerikanische Vorstellung im Weg, es sei politisch inkorrekt, den Glauben oder die Spiritualität anderer Menschen zu bewerten oder zu «beurteilen». Deshalb konnten diese Präsidenten sich nur dafür engagieren, dem muslimischen Willen säkulare Überzeugungen und Werte entgegenzusetzen. Ihre amerikanische Weltanschauung erlaubte es ihnen nicht, die moralische Finsternis zu bekämpfen, die sich in ihrem eigenen Heimatland Amerika ausbreitete. Ebenso hielt sie sie davon ab, sich mit göttlicher Weisheit und Demut an die Seite muslimischer Länder zu stellen.

Die Bekämpfung der Militanz mit militärischer Gewalt ließ diese fragilen Staaten auseinanderbrechen. Die meisten Muslime würden vielleicht nicht sagen, dass Amerika der Große Satan sei, aber die amerikanische Politik hat ihnen reichlich Gründe geliefert, im Westen nicht ein Licht zu sehen, dem man folgen könnte, sondern einen «*Kuffar*» – einen verachteten Ungläubigen, der nur auf Eroberung, Kontrolle und Profit aus ist.

5 Das Kalifat und das Reich Gottes

Jenseits des «Kampfes der Kulturen»

Öl ist eine wichtige ökonomische Triebkraft hinter dem tragischen Chaos in der muslimischen Welt. Diese Tragödie hat jedoch kulturelle Wurzeln, die viel tiefer reichen als jede Ölquelle.

Manche können nicht über die Wirtschaft (Erdöl) oder über die Fehler hinausblicken, die in letzter Zeit von politischen Entscheidungsträgern gemacht worden sind, sei es im Westen oder bei den Muslimen. Diese auf die sichtbare Welt begrenzte Perspektive ist das Vermächtnis des Atheismus – insbesondere das des Kommunismus und das von Friedrich Nietzsche. Sowohl Karl Marx als auch Nietzsche gingen davon aus, dass es keine spirituelle Welt gibt. Infolgedessen waren sie gezwungen, für alles eine Erklärung in Wirtschaftsinteressen oder dem «Willen zur Macht» zu finden, wie unzulänglich diese Erklärungen auch immer sein mochten.

Intellektuellen ist in letzter Zeit aufgefallen, dass es islamische Konflikte auch in Ländern gibt, die wenig Öl haben: Jemen, Sudan, Somalia, Pakistan, Bangladesch und Kaschmir sind einige Beispiele. Die gleichen Gelehrten haben auch bemerkt, dass der Dschihad und die Eroberung nichtmuslimischer Länder für den Islam von Anfang an von grundlegender Bedeutung war. Deshalb hat Samuel Huntington, ein einflussreicher Politikwissenschaftler an der Harvard-Universität, die These formuliert, Krisen wie der «Terrorismus» seien am besten als Kampf zwischen der islamischen und der säkularen Kultur zu verstehen.

Überzeugungen sind wichtig. Manche Überzeugungen treiben eine Kultur dazu, sich selbst zu verbessern und Wohlstand zu schaffen, während andere nur ihre Herrscher reich machen, indem sie Bestechungsgelder fordern, Ungläubigen die ruinöse Dschizya-Steuer abverlangen oder für Beute, Frauen und Macht in den Krieg ziehen.

In unserer postmodernen Zeit hält man es für unhöflich, politisch inkorrekt, ja gefährlich, in der Öffentlichkeit über Überzeugungen zu sprechen. Dennoch, im privaten Gespräch geben manche meiner Freunde zu, dass Kultur nicht nur eine Frage der Wirtschaft ist, sondern zugleich Ursache und Wirkung von Überzeugungen, Geschichten, Werten, Traditionen und sozialen Faktoren, zu denen auch die Wirtschaftspolitik gehört.

Dieses Kapitel geht der Frage nach, ob das Kalifat von Natur aus gegen den Frieden ist – und ob das «Reich Gottes» die beste Antwort auf ein Kalifat ist.

Wer den Koran oder die Bibel ernst nimmt, muss über Huntingtons These vom «Kampf der Kulturen» hinausgehen. Er muss sich fragen, ob blutige Konflikte auch Ursachen haben könnten, die jenseits der natürlichen Welt liegen: jenseits der menschlichen Gier nach Reichtum, Sex oder Macht. Er muss sich fragen: «Hat das Übernatürliche Einfluss auf das Natürliche?»

Die meisten Menschen wissen, dass ein böser Geist einen vernünftigen Menschen in eine selbstzerstörerische Irrationalität führen kann – er kann ihn grausam, süchtig, zügellos, mörderisch oder suizidal machen. Die Geschichte ist voller Beispiele, wie ganze Länder von dämonischen Ideologien wie Faschismus und Kommunismus besessen waren, die sie dazu trieben, sich in selbstmörderische politische Abenteuer und Kriege zu stürzen.

Ich fragte meinen Freund, den Maulana (den islamischen Gelehrten), was für ein Ende es seiner Meinung nach mit dem Islamischen Staat (IS) nehmen werde. «Vernichtung!», lautete seine kurze Antwort. «Sie werden sterben, genau wie Osama Bin Laden. Sie senden Selbstmordattentäter aus, weil sie auf einem Weg sind, der zum Selbstmord führt.»

Dann fragte mich mein Freund: «Warum, glauben Sie, hat in Europa erst vor wenigen Generationen eine Nation mit hohem Bildungsstand – Deutschland – ihr ganzes Staatswesen in eine Massenmordmaschine verwandelt?»

Ich versuchte, clever zu sein, und fragte zurück: «Welche Erklärung haben Sie dafür?»

Er antwortete mir mit einem einzigen Wort: «*Shaitan* [Satan]!»

Die wesentliche Frage, so waren wir uns einig, lautet dann: «Kann Gottes Geist uns wieder auf den Weg der Vernunft bringen, indem er uns das Geschenk der Umkehr gewährt?»

Die «Satanischen Verse» der Bibel

Die Bibel enthält viele Verse über den Satan. Einige davon berichten darüber, wie Satan dem Herrn Jesus die politische, militärische und wirtschaftliche Macht und Herrlichkeit der ganzen

Welt vor Augen führt. All diese Macht, behauptete Satan, gehöre ihm. Er bot Jesus an, ihm all diese grausamen Reiche zu übergeben, wenn er nur einen Bund mit dem Bösen einging und sich vor ihm verneigte (Matthäus 4,8–10; Lukas 4,5–8).

In der sichtbaren Welt vollzieht sich der heutige Konflikt zwischen scheiternden Demokratien und einem idealisierten Kalifat. Aber wenn die unsichtbare, geistliche Welt real ist, könnte es dann nicht sein, dass der eigentliche Kampf zwischen den Reichen der Finsternis und des Lichtes stattfindet, dem grausamen Reich Satans und dem friedvollen, hellen Reich Gottes? So zumindest stellte sich die Weltgeschichte aus der Sicht des Propheten Daniel dar (Daniel 2; 7; 9; 10,5–13).

Die Demokratie ist im muslimischen Nahen Osten gescheitert. Ebenso scheiterte sie auch bei ihrem ersten Auftreten in den griechischen Stadtstaaten. Weil die athenische Demokratie ihren einflussreichen Weisen Sokrates (469–399 v. Chr.) tötete, nannte dessen Schüler Platon (427–347 v. Chr.) die Demokratie die schlechteste aller Staatsformen. Die ideale Republik (auf Griechisch *politeia*), so meinte er, sollte nicht durch die Stimmen der unwissenden Massen beherrscht werden, sondern durch Philosophenkönige – gebildete und gut geschulte elitäre Herrscher.

Der mazedonische König Philipp II. lud den bekanntesten Schüler Platons, Aristoteles (384–322 v. Chr.) ein, seinen Sohn Alexander als Philosophenkönig auszubilden. Aristoteles unterrichtete Alexander sechs Jahre lang, und aus ihm wurde Alexander der Große (356–323 v. Chr.), einer der fähigsten, gelehrtesten und brutalsten Eroberer der Weltgeschichte.

Durch Alexanders Eroberungen breitete sich die griechische Kultur, einschließlich der Werke von Platon und Aristoteles, bis in ferne Länder weit jenseits seiner Reichweite aus. Hätte er tausend Jahre später gelebt und wäre er in Arabien geboren worden, so hätte er sich Kalif nennen können. Bei uns in Asien inspirierte Alexander den indischen Herrscher Chandragupta Maurya (340–297 v. Chr.) zur Gründung unseres ersten bekannten Reiches, des Maurya-Reiches (321–185 v. Chr.). Wegen Alexander, Platon und Aristoteles führte die Ausbreitung der griechischen Kultur, die sogenannte Hellenisierung, nirgendwo auf der Welt zur Entstehung von Demokratien. Die Griechen wussten ja, dass die Demokratie letzten Endes scheitern würde.

Griechische Philosophie inspirierte das klassische Werk der Staatskunst, *Der Fürst*, geschrieben von Niccolò di Bernardo dei Machiavelli (1469–1527). Machiavelli war ein Kind der aufblühenden Renaissance. Er war ein italienischer Historiker, Politiker, Diplomat, Philosoph, Humanist und Schriftsteller. Unter den Denkern der Antike bewunderte er besonders Aristoteles und Platon.

Sein einflussreiches politisches Traktat stellte die Frage: «Wie kann ein Fürst durch selektiven Gebrauch der Religion und des Schwertes, von Wahrhaftigkeit und Täuschung, von Dienst und Verschwörung, von Gemeinwohl und Mordanschlägen an die Macht gelangen und seine Macht erhalten?» Machiavellis politisches Denken wurde zur Grundlage für die diabolischen Methoden, mit denen der Faschismus durch Manipulation, Zwang, Unterdrückung, Mordanschläge, Terror und Genozid seine Macht an sich riss und festigte.

Die Demokratie in der säkularen Mythologie

Die Demokratie war also in Europa, wo sie entstand, schon lange gescheitert, bevor sie in der muslimischen Welt scheiterte. Reine Demokratie ist furchterregend, weil sie die unumschränkte Herrschaft der Mehrheit ist. Die Tyrannei eines Despoten lässt sich mit einer einzigen Kugel beenden. Aber unter der Tyrannei der Mehrheit sind Versklavung oder Verrat die einzigen Möglichkeiten, die einer terrorisierten Minderheit noch bleiben.

Damit «Wir, das Volk» frei sein konnten, entschieden sich die USA und die moderne Welt für Republiken auf rechtsstaatlicher Grundlage, die auf einer eingeschränkten Herrschaft der Mehrheit beruhen. Der Präsident der USA ist der Oberbefehlshaber seiner Armee. Aber er kann weder einen Krieg erklären noch die stärkste Streitmacht der Welt dazu nutzen, seine Kritiker zum Schweigen zu bringen. Die amerikanische Verfassung gewährt ihm nur begrenzte Macht für das allgemeine Wohl. Auch ein ganz gewöhnlicher Bürger kann den Präsidenten wegen eines Verbrechens vor Gericht verklagen. Der Kongress und die freie Presse haben das Recht und die Verantwortung, den Präsidenten für jedes falsche Wort oder jede unkluge Handlung zur Rechenschaft zu ziehen und nötigenfalls seines Amtes zu entheben.

Ein Kalif, wie auch der Philosophenkönig Alexander der Große, stellt die unumschränkte Herrschaft einer Minderheit dar. Als Nachfolger des Propheten Gottes ist er ein «Papst» mit dem Schwert in der Hand, um die Scharia durchzusetzen. Das Gesetz der Scharia glaubt nicht an ein Grundrecht des Einzelnen auf Leben, Freiheit, Familie und Eigentum. Die Scharia ist auch nicht an den Gedanken einer angeborenen Gleichberechtigung und Würde von Gläubigen und Abtrünnigen, Männern und Frauen, Sklaven und Herren gebunden.

Der säkulare Mythos, wonach die erfolgreiche moderne Demokratie von den gescheiterten griechischen Stadtstaaten stammt, wurde erst im zwanzigsten Jahrhundert erfunden. Urheber dieses Mythos waren John Herman Randall (1899–1980) vom New Yorker Columbia College sowie Mortimer Adler (1902–2001) und Robert Maynard Hutchins (1899–1977) von der Universität Chicago. Der amerikanische Philosoph und Schriftsteller Will Durant (1885–1981) machte dieses Märchen populär. Das säkulare Bildungswesen führte dann die ganze Welt in die Irre, indem es diesen Mythos zu einem unfehlbaren Glaubensbekenntnis des säkularen Humanismus machte.[24]

Geschichte und Wahrheit

Die Magna Charta (1215) wurde zu einer Quasi-Verfassung; doch die modernen, erfolgreichen demokratischen Republiken nahmen ihren Anfang im Schottland des sechzehnten Jahrhunderts. Schottische Protestanten strebten danach, die hierarchische Kirche Europas zu reformieren. Unter dem politisierten mittelalterlichen «Christentum» wurden sogar Ketzer öffentlich verbrannt! Diese christliche Kultur musste reformiert werden. Also studierten die Reformatoren die Bibel, um herauszufinden, wie nach Gottes Willen die Kirche regiert werden sollte.

Gewappnet mit dem Wort Gottes kämpften die schottischen Reformatoren dafür, die hierarchische Herrschaft der Kaiser, Päpste, Bischöfe und Priester durch die Leitung von Ältesten zu ersetzen, die von den Gemeinden gewählt wurden. In Bibelpassagen wie 5. Mose 1 fanden sie das republikanische Prinzip der Leitung durch gewählte Älteste.

Die hierarchische Kirche Europas hatte vor der Reformation jahrhundertelang Aristoteles und Platon studiert. Doch die Lektüre dieser griechischen Klassiker hatte niemanden dazu inspiriert, ein Reformator der Politik zu werden. Die schottischen Reformatoren stießen auf die Prinzipien ihrer Leitungsstrukturen, als sie die Bibel mit der Brille der französischen Calvinisten lasen, der sogenannten Hugenotten. Die französischen Autoren, die die Trilogie der modernen verfassungsgemäßen Freiheiten schrieben, waren François Hotman, Théodore de Bèze und «Stephen Junius Brutus» (vermutlich das Pseudonym von Philippe Duplessis-Mornay).

Der Kern des republikanischen Systems bestand darin, dass Älteste, die vom Volk als dessen Vertreter gewählt wurden, in Übereinstimmung mit der Rechtsordnung regierten. Auf Nationen wurde dieses Prinzip erst angewandt, nachdem es sich in der reformierten Kirche als erfolgreich erwiesen hatte. So wurde die reformierte Kirche zur Kinderstube der Demokratie.

In der reformierten Kirche wählten Ortsgemeinden ihre Vertreter, um ihre öffentlichen Angelegenheiten zu regeln. Diese Vertreter hatten sich bei ihren Leitungsaufgaben nicht nach ihren eigenen persönlichen Leidenschaften oder Interessen zu richten, sondern nach der Rechtsordnung – und die Leute hatten ihnen auf die Finger zu sehen und sie notfalls zur Rechenschaft zu ziehen. Die Stimme des Volkes galt als die Stimme Gottes, weil die Kirche das Wort Gottes lehrte, um die Gesinnung der Menschen auf Gott auszurichten.

Die wichtigste Lektion, die die Welt von den gescheiterten Demokratien im alten Griechenland und im heutigen muslimischen Nahen Osten zu lernen hat, ist diese: Ohne innere geistliche Erneuerung kann die Stimme des Volkes so verdreht werden, dass sie zur Stimme des Teufels wird – zur Tyrannei der Mehrheit.

Die säkulare Bildung im zwanzigsten Jahrhundert hat die Welt in die Irre geführt, indem sie das wichtigste Geheimnis der modernen Demokratie unterdrückte. Dieses Geheimnis besteht in seinen *geistlichen* Grundlagen. Wie wir noch sehen werden, liegen ihre Ursprünge in der biblischen Lehre vom Reich Gottes. Der Herr Jesus forderte seine Jünger auf, so zu beten: «Dein Reich komme, dein Wille geschehe im Himmel wie auf Erden.» Reformatoren wie Théodore de Bèze in Frankreich und John Knox in Schottland fragten: «Wie will Gott – nicht die Mehrheit, nicht Europas religiöse Tradition, sondern Gott –, dass wir die Kirche und die Nation regieren?»

Der Islam im Wettstreit mit der säkularen Demokratie

Es sollte niemanden überraschen, wenn Muslime, die in Europa geboren und ausgebildet wurden, die säkulare Demokratie ganz verwerfen – zugunsten des Kalifats.

Warum sollten sie die westliche Kultur respektieren, die ihre eigenen Gründer, die Reformatoren, entehrt? Die europäischen und amerikanischen Reformatoren waren die erfolgreichsten Revolutionäre der Weltgeschichte. Ihnen gelang es, große Nationen aufzubauen. Heute jedoch machen sich säkulare Intellektuelle und die Medien nur noch lustig über diese Gelehrten, die ihr Leben riskierten, um die moderne Welt ins Leben zu rufen.

Der postmoderne Westen ist eine sterbende Kultur, weil er sich selbst von der geistlichen Quelle seines enormen Erfolges abgeschnitten hat. Er weigert sich, seinen Messias zu ehren, und macht stattdessen Stars aus oberflächlichen Prominenten, Sportlern, Sängern … und sogar Pornodarstellern. Durch die Loslösung von seinem geistlichen Erbe ist der Westen auf dem Weg zu einer selbstsüchtigen Gesellschaft, der Mutterschaft so wenig wert ist, dass sie ihre Alten und sogar ihre eigene Zukunft in Gefahr bringt. Sein gieriger Kapitalismus nutzt elitäre Medien, Finanzinstitute und sogar die Vereinten Nationen, um andere Länder zu seinem eigenen Vorteil zu destabilisieren. Diese Kultur kann nicht mehr am Prinzip der Ehe festhalten, definiert als Bund von einem Mann und einer Frau, exklusiv und dauerhaft, wie es seinerzeit zur Grundlage für den Aufbau von Nationen wurde. Aus der Sicht der muslimischen Welt hat der im Niedergang begriffene Westen das übernatürliche, grundlegende Prinzip der Ehe aufgegeben. Stattdessen glorifiziert er außereheliche «sexuelle Freizügigkeit», schützt de facto unfruchtbare homosexuelle Ehen und treibt inzwischen ziemlich bedenkenlos seine Kinder ab.

Die westliche Kultur löst sich auf, weil ihre Universitäten sich ihre Seele amputiert haben: die Quelle ihrer erstaunlichen Entwicklung – die Bibel. Die Selbstauflösung des Westens treibt idealistische muslimische Jugendliche heute dazu, innerhalb der islamischen Tradition nach einer *besseren* Ordnung zu suchen.

Nachdem der Westen seine Geschichte durch oberflächliche Legenden und Mythen ersetzt hat, ist er mit einem naiven Multikulturalismus gestrandet, der allen Kulturen den gleichen Wert zumisst. Er hat seine gottgegebene universelle Messlatte verloren, mit der man Kulturen beurteilen kann und durch die man letztlich lernen kann, wie ein Staatswesen gelingt – oder eben nicht. Das Beste, was der postmoderne Westen noch zustande bringt, ist, allen anderen seine sich ständig verändernden Ideen aufzudrängen. Doch ein erneutes Aufflammen der Wahrheit ist immer noch möglich.

Die Verlockung des Kalifats

Eine Freundin von mir musste von Israel nach Afrika fliegen. Sie wohnt in einem kleinen Dorf im Norden Israels mit Blick auf den herrlichen See Genezareth. Es war billiger für sie, vom internationalen Flughafen in Amman in Jordanien aus zu fliegen.

Vier muslimische Geschäftsleute fuhren mit ihrer Luxuslimousine nach Amman und boten ihr freundlicherweise an, sie mitzunehmen. Sie waren jordanische Staatsbürger und hatten ihre Unternehmen dort. Doch sie lebten in Israel. Erstaunt fragte meine Freundin: «Warum wohnen Sie nicht in Jordanien?»

«Warum sollten wir?» Sie selbst staunten noch mehr. «Wer will schon in Jordanien leben? Hier ist es doch viel besser.»

Trotz all seiner Sünden, Unvollkommenheiten und Fehler hätte Israel ein «Licht» für seine muslimischen Nachbarn sein sollen, und eines Tages wird es das auch sein. Schon jetzt leistet es zum Beispiel einen großen Beitrag für mein Land Indien in der Forschung, der Landwirtschaft und in der Verteidigung. Aber bei seinen muslimischen Nachbarn ist Israel so verhasst, dass sie sich weigern, in Israel in irgendeiner Hinsicht ein Vorbild oder eine Inspiration zu sehen. Denn für fromme Muslime ist Israel eine große theologische Demütigung.

Der jüdisch-muslimische Konflikt geht bis ins Jahr 627 zurück, in die Gründungszeit des Islam. Unter dem Propheten Mohammed wurden in Medina vierhundert bis neunhundert jüdische Männer aus dem Stamm der Banū Quraiza niedergemetzelt, nachdem sie sich ergeben hatten. Über tausend ihrer Frauen und Kinder wurden versklavt.

Seit seiner Gründung am 14. Mai 1948 befindet sich der moderne Staat Israel in einem ständigen Kriegszustand mit mindestens einem seiner muslimischen Nachbarn in mindestens fünfzehn namentlich gekennzeichneten Konflikten. Drei davon waren ausgewachsene Kriege:

1. Unabhängigkeitskrieg (November 1947 bis Juli 1949)
2. Sechstagekrieg (Juni 1967)
3. Jom-Kippur-Krieg (Oktober 1973)

Sechs oder mehr muslimische Länder taten sich bei diesen Kriegen direkt oder indirekt zusammen. Neben anderen hat der Iran öffentlich sein Ziel erklärt, Israel zu vernichten. Al-Qaida und der Islamische Staat wollen die Welt erobern. Doch in den letzten siebzig Jahren haben es eine Milliarde Muslime nicht geschafft, das winzige Land Israel von der Landkarte zu tilgen. Manche muslimischen Länder haben nicht nur Kriege verloren, sondern auch strategisch wichtige Territorien.

Israel hat seine militärische Überlegenheit dazu benutzt, Invasionen abzuwehren und in seinem Gebiet eine öffentliche Ordnung durchzusetzen, wie es sie für die Sicherheit und Entwicklung des Landes für notwendig hält. Dies wiederum gibt dem fruchtlosen Zyklus von Hass und Gewalt neue Nahrung. Wie dem auch sei, solche unbequemen Tatsachen führen aus muslimischer Sicht zu einem theologischen Problem: Wenn Allah auf der Seite der Muslime steht, warum haben dann die muslimischen Nationen das winzige Land Israel immer noch nicht vernichten können?

Dafür werden mehrere Erklärungen vorgebracht. Der libysche Diktator Oberst Gaddafi pflegte zu sagen, dass muslimische Monarchen, Scheichs, Diktatoren und Präsidenten es nicht wagen, sich Berufsarmeen aufzubauen, weil sie Angst haben, durch den Militärputsch eines kompetenten Generals gestürzt zu werden. So bestimmten nicht Verdienste, sondern taktische Überlegungen, Beziehungen und Vetternwirtschaft, wem militärische Macht anvertraut wurde. Um eine Berufsarmee aufzubauen, muss eine Kultur das moralische Recht über die militärische Macht stellen.

Der radikale Islam versucht das Problem tiefer an seiner Radix (Wurzel) zu packen. Er sagt, der Islam sei schwach geworden, weil der Westen das Osmanische Reich in moderne Nationalstaaten aufgeteilt habe. Dies sei eine kolonialistische Strategie nach dem Motto «Teile und herrsche» gewesen. Nach der Überzeugung der radikalen Muslime wird der Sieg über die Ungläubigen dann kommen, wenn die Muslime sich unter *einem* Schirm vereinigen. Islamisten glauben, Allah habe die Gläubigen nicht in souveräne Nationen aufgeteilt. Er wolle, dass alle Gläubigen eine transnationale Gemeinschaft unter einem Kalifen bilden. Der Islam sei das mächtigste Reich der Welt gewesen, als er in dieser Weise vereint war. Die einzige Möglichkeit, diese vergangene Herrlichkeit zurückzugewinnen, bestehe darin, alle muslimischen Nationen in einem Kalifat unter einem Kalifen zusammenzuführen.

Diese Hoffnung, den ursprünglichen, mächtigen Islam wiederzubeleben, ist ansteckend. Sie spricht fromme Muslime an. Das Problem dabei ist, dass jedes Kalifat per definitionem das moderne Konzept unabhängiger, souveräner Nationalstaaten überwinden muss. Seit dem Zweiten Weltkrieg hat der Säkularismus das biblische Konzept der Völker, der «Nation», das mit dem Westfälischen Frieden von 1648 in Europa aufkam, geschwächt. Dennoch ist das Prinzip der Selbstbestimmung der Völker weiterhin eine Grundannahme der modernen Welt. Wer aber mit Gewalt das Territorium eines Landes verändern will, provoziert damit einen Krieg, wie im Iran, im Irak und in Syrien geschehen.

Das Kalifat

Der Schlüssel zum Verständnis des islamischen Terrorismus liegt darin, die Grundlagen des Kalifats zu verstehen. Diese sind: Der Islam ist allen anderen Religionen überlegen und wird sie besiegen. Muslime können allen, die sich nicht bekehren, das Gesetz der Scharia auferlegen und ihnen hohe Steuern abverlangen oder sie töten. Von den Grundlagen her schließt somit ein Kalifat die Möglichkeit eines friedlichen und dennoch echten Islam aus. Ein «friedlicher Islam» ist zwangsläufig ein kompromittierter Islam. Wie die moderne Türkei (bis vor kurzem zumindest) musste der friedliche Islam sich das biblische Konzept eines selbstbestimmten Volkes zu eigen machen.

Der Begriff der «Völker» hat seinen Ursprung im ersten Buch der Bibel, dem ersten Buch Mose, in den Kapiteln 10–12. Er bezog sich auf einen Klan, eine Volksgruppe mit einer Sprache in einem festgelegten Territorium, die sich selbst verwaltete. In 1. Mose 12 bringt Gott den Begriff eines «großen Volkes» ins Spiel, eine Nation mit vielen Volksgruppen oder Stämmen, zusammengehalten durch einen Bund oder eine Verfassung (1. Mose 18,18–19; 5. Mose 4,5–8).

Mose und Paulus bestätigten, dass Völker mit territorialer Selbstbestimmung Gottes Erfindung sind (5. Mose 32,8; Apostelgeschichte 17,26). Gott unterteilte die Menschen in Nationalstaaten, um die Unterdrückung durch Weltreiche wie das von Babylon oder Rom zu minimieren (1. Mose 11).

Europa machte sich 1648 das biblische Prinzip der Völker zu eigen. Das als «Westfälischer Friede» bekannte Abkommen brach die bedrückende Einheit der Christenheit auf. Hinter jener erzwungenen Einheit, überhöht durch eine religiöse Ausdrucksweise, verbarg sich nichts anderes als das hierarchische Römische Reich. Es war das heidnische Bild eines Imperiums, von der Kirche als «Reich Gottes» benannt.

Durch die Übernahme des biblischen Prinzips der «Völker» wurde das Heilige Römische Reich in moderne, souveräne Nationalstaaten aufgeteilt. Später brach der biblische Nationengedanke auch das Osmanische Reich und das britische Empire in die heutigen Nationen auf.

Das Sykes-Picot-Abkommen verfolgte offensichtliche kolonialistische Interessen. Doch im Lauf der Zeit wurde unbewusst die biblisch-politische Perspektive zur Basis der Staaten des Nahen Ostens wie Irak und Syrien. Ihre Existenz als unabhängige Nationen ist eine theologische Herausforderung an die traditionelle islamische Vorstellung vom Kalifat.

Die Prinzipien eines selbstbestimmten Volkes und eines Kalifats sind nicht miteinander zu vereinbaren. Entweder haben nationale Gesetze Vorrang vor der Scharia oder umgekehrt. Wenn die Gesetze eines Landes sagen, dass man einen Schriftsteller nicht dafür umbringen darf, dass er das Buch *Die satanischen Verse* geschrieben hat, dann müssen muslimische Bürger die Fatwa eines Kalifen ignorieren und sich an die Landesgesetze halten. Das ist Freiheit und eine Voraussetzung für den Frieden.

Im islamischen Denken ist ein Kalif der Nachfolger des Propheten Gottes. Er ist ein muslimischer «Papst mit einem Schwert», der zugleich die Rolle eines militärischen Befehlshabers einnimmt. Seine Aufgabe ist es, die Scharia durchzusetzen und einen religiösen Kampf (Dschihad) zu führen, um ein immer größeres geografisches Territorium unter den Glauben zu bringen. Das bedeutet, dass ein Kalif die Pflicht hat, Landesgrenzen zu missachten.

Das Kalifat ist ein Grundkonzept des sunnitischen Islam. Es ist das Gegenteil der Demokratie, denn es ist eine von einem Kalifen geführte theokratische Herrschaft. Der Gedanke wurde von dem Propheten Mohammed selbst eingeführt. Er erkannte die territoriale Integrität und Souveränität eines Volkes nicht an, ebenso wenig, wie ein Kalifat das tut. Aus diesem Grund kann ein Kalif mit ungläubigen Staaten allenfalls strategische Übereinkünfte treffen. In dauerhaftem Frieden mit souveränen Nationalstaaten kann ein Kalifat nicht leben. Es befindet sich zwangsläufig in einem ständigen Krieg gegen Territorien, die nicht das Gesetz der Scharia befolgen und sich der Autorität des Kalifen nicht unterwerfen.

Derartige Gründe bewogen Mustafa Kemal Atatürk (1881–1938), den ersten Präsidenten der modernen Türkei, am 3. März 1924 das Kalifat abzuschaffen. Mustafa Kemal war im Ersten Weltkrieg Armeeoffizier und wurde dann zum Revolutionär. 1934 verlieh ihm das türkische Parlament den Ehrennamen «Atatürk» – «Vater der Türken» – und verfügte, dass niemand sonst diesen Namen führen durfte.

Kemal schaffte das Kalifat ab, um die Türkei zu reformieren, indem er sie dem biblischen europäischen Konzept der nationalen Souveränität anglich. Am 1. März 1924 sagte Kemal im Parlament: «Die islamische Religion wird sich erheben, wenn sie aufhört, ein politisches Instrument zu sein, wie sie es in der Vergangenheit war.» Damit meinte er, dass die Abschaffung des Kalifats den Islam zu einer Religion des Herzens machen würde, zu einer bereitwilligen Unterordnung unter Gott. Der Islam werde zu einer Religion werden, die man aus freien Stücken wählt, statt einer, die mit dem Schwert erzwungen wird. Eine Religion, die Unterwerfung erzwingt, ist angewiesen auf äußerliche religiöse Riten ohne innere geistliche Veränderung. Kemal Atatürks Aussage lief auf eine Reformation des Islam hinaus, in der das Kalifat ersetzt wurde durch die Idee Christi vom Reich Gottes.

Atatürk gelang es, das Kalifat zu ersetzen durch den biblischen Gedanken einer souveränen Nation innerhalb eines bestimmten Territoriums, regiert von dienenden Führern, weil es genügend Muslime gab, die wussten, dass selbst im kurzen Goldenen Zeitalter des Kalifats die «rechtgeleiteten» Kalifen (632–661) sich auf das Schwert gestützt hatten. Mindestens zwei von ihnen wurden auch durch Schwerter ihrer muslimischen Glaubensbrüder ermordet.

Wer das Schwert nimmt, der wird durch das Schwert umkommen

Abū Bakr (573–634), der erste Kalif, herrschte siebenundzwanzig Monate lang. Als einziger unter den ersten vier Kalifen wurde er nicht umgebracht. Er war der ältere Gefährte und einer der Schwiegerväter des Propheten Mohammed. Einige Vertraute Mohammeds erhoben Einwände dagegen, dass Abū Bakr zum Kalifen aufstieg, weil er von einer kleinen spontanen Versammlung von Ältesten gewählt wurde, während Mohammeds engste Angehörige, darunter sein Cousin Ali, den Leichnam des Propheten fürs Begräbnis wuschen. Die schiitischen Kritiker behaupteten, der Prophet habe Ali, der zugleich sein Schwiegersohn war, zu seinem Nachfolger bestimmt.

Dieser interne Machtkampf zwischen Ältesten, die den Kalifen wählten, und dem Erbanspruch auf die Kalifenwürde, führte bald zur Spaltung des Islam in Sunniten und Schiiten. Der leidenschaftliche Kampf um die politische Macht des Kalifen ist bis heute eine entscheidende Bruchlinie innerhalb des Islam. Sie verursacht häufig destruktive und gewaltsame religiöse Beben, einschließlich des Bebens, dessen Zeugen wir heute sind.

Der zweite Kalif, Umar Ibn al-Khattab (592–644) war ebenfalls ein älterer Gefährte des Propheten Mohammed. Seine machtvolle und einflussreiche Herrschaft dauerte von 634 bis 644. Unter seiner Führung eroberte der Islam den größten Teil des Nahen Ostens und einen erheblichen Teil des byzantinischen Reiches. Dass er Persien eroberte, wurde ihm gelohnt mit sechs Dolchstichen, mit denen ein Perser ihn im Gedränge einer *Hadsch* (Pilgerfahrt) in Mekka ermordete.

Uthman ibn Affan (574–656), der dritte der «rechtgeleiteten» Kalifen, führte den Islam von 644 bis 656 an. Auch er war ein Gefährte des Propheten Mohammed und dessen Schwiegersohn. Er war mit zwei Töchtern des Propheten verheiratet – die zweite heiratete er, nachdem die erste gestorben war.

Uthman setzte die Expansion des Islam fort, doch Eroberungen mit dem Schwert haben die unangenehme Begleiterscheinung, bewaffnete Aufstände hervorzurufen. Vetternwirtschaft führte dazu, dass die Muslime sich gegen Uthman ibn Affan wandten, ähnlich, wie sich bis heute Diktatoren – von Saddam Hussein und Hosni Mubarak bis zu Oberst Gaddafi und Baschar al-Assad – damit keine Freunde machen. Die Arroganz seiner mächtigen Verwandten rief bei mehreren Bevölkerungsgruppen heftige Empörung hervor. Die hochstehenden Gefährten des Kalifen wandten sich gegen ihn. Andere entzogen ihm ihre Unterstützung, um Druck auf ihn auszuüben, damit er sein Vorgehen änderte und den Einfluss seiner Verwandtschaft reduzierte. Schließlich führten Partisanen Alis, des Schwiegersohns des Propheten, Tausende von Rebellen aus Ägypten, Kufa und Basra nach Medina, um den Kalifen Uthman zu töten. Es fiel ihnen nicht schwer, die Öffentlichkeit auf ihre Linie zu bringen, ehe sie in das Haus des Kalifen eindrangen und ihn ermordeten. Der eigentliche Akt der Tötung geschah möglicherweise durch die Hand eines Ungläubigen.

Der Vetter und Schwiegersohn des Propheten Ali ibn Abi Talib (599–661) herrschte von 656 bis 661 als Kalif. Die Sunniten betrachten ihn als den vierten und letzten der «rechtgeleiteten» Kalifen. Für die Schiiten ist Ali der erste legitime Kalif.

Ali zahlte den Preis für Jahrzehnte der militanten Expansion des Islam vom Propheten an bis zu seiner eigenen Zeit. Die militärischen Abenteuer, mit denen die Welt durch Terror unterworfen werden sollte, verschafften ihm viel zu viele Feinde. Am 27. Januar 661 betete der Kalif Ali in der großen Moschee von Kufa, als Abd ar-Rahman ibn Muldscham ihn mit einem

Schwert, dessen Klinge mit Gift bestrichen war, angriff. Der Attentäter hatte seine öffentliche Attacke so gut geplant, dass schon ein einziger Hieb tödlich war. – Die tragische Geschichte des Kalifats wiederholt sich in unseren Tagen.

Der heutige Kalif: Abu Bakr al-Baghdadi

Der Vierundvierzigjährige, der als Abu Bakr al-Baghdadi bekannt ist, erklärte sich selbst zum «Kalifen Ibrahim» des Islamischen Staates (IS).[25] Er wurde am 28. Juli 1971 in der Nähe von Samarra im Irak als Ibrahim Awad Ibrahim al-Badri geboren. Er soll an der Universität Bagdad in Islamwissenschaften promoviert haben. Al-Baghdadis Inhaftierung 2004 nach der US-Invasion im Irak trug mit dazu bei, dass er militant wurde.[26]

Al-Baghdadi war Mitbegründer der militanten Gruppe Jamaat Jaysh Ahl al-Sunna Wal-Jamaah (JJASJ) und wurde Vorsitzender ihres Scharia-Komitees. 2006 wurde al-Baghdadi Mitglied des Scharia-Komitees des Schura-Rates der Mudschahedin. Diese Gruppe benannte sich bald um in «Islamischer Staat im Irak» (ISI).

Am 16. Mai 2010 übernahm al-Baghdadi die Führung des ISI. Von nun an war es seine Aufgabe, umfangreiche terroristische Operationen zu planen. Sein erstes großes Vorhaben war der Selbstmordanschlag auf die Umm-al-Qura-Moschee in Bagdad am 28. August 2011, bei dem Khalid al-Fahdawi, ein prominenter sunnitischer Parlamentarier, ums Leben kam. Im März und

April 2011 plante al-Baghdadi Berichten zufolge dreiundzwanzig Anschläge südlich von Bagdad.

Am 4. Oktober 2011 setzte das US-amerikanische Außenministerium eine Belohnung von bis zu zehn Millionen US-Dollar für Informationen aus, die zur Gefangennahme oder zum Tod al-Baghdadis führten. Die gegen ihn erhobenen Vorwürfe werfen ein wichtiges Licht auf den Charakter dieses Kalifen. Dieser Nachfolger des Propheten Mohammed wird beschuldigt, Kayla Mueller, eine sechsundzwanzigjährige Mitarbeiterin eines amerikanischen Hilfswerks, versklavt, missbraucht, wiederholt vergewaltigt und dann ermordet zu haben.

Kayla reiste im Dezember 2012 in die Südtürkei, um dort syrischen Flüchtlingen zu helfen. Am 3. August 2013 fuhr sie mit einem Freund, der zu einem Krankenhaus von «Ärzte ohne Grenzen» wollte, nach Aleppo im Norden Syriens. Auf der Rückfahrt wurde Kayla von militanten Islamisten entführt.

Zwei jesidische Mädchen im Alter von sechzehn und achtzehn Jahren, die vom Islamischen Staat gefangen genommen wurden, wurden von Abu Sayyaf, dem tunesischen ISIS-Anführer, der für die Öl- und Gaseinkünfte zuständig ist, als Sexsklavinnen gehalten. Sie konnten entkommen und berichteten amerikanischen Geheimdiensten, auch Kayla werde in Sayyafs Haus als Sklavin gehalten, und ein sehr hoher islamischer Würdenträger komme dorthin, um Kayla zu vergewaltigen.

In der Nacht vom 15. auf den 16. Mai 2015 führte die Delta Force der US-Armee eine Operation aus, um Abu Sayyaf dingfest zu machen, aber er wurde dabei getötet. Seine Frau Umm Sayyaf wurde festgenommen und eine weitere jesidische Sklavin befreit. Beide Frauen bestätigten den amerikanischen Offizieren, Abu Sayyaf halte die junge Amerikanerin als seine persönliche Sklavin, und Abu Bakr al-Baghdadi, der schon dreimal verheiratet war, komme regelmäßig zu Besuch, um Kayla zu missbrauchen, zu vergewaltigen und zu foltern.

Offenbar ist al-Baghdadi aufgrund seiner genauen Kenntnis der Scharia und seines Doktortitels in Islamwissenschaften davon überzeugt, dass ein solches Verhalten ihn zu einem wahren Nachfolger des Propheten Mohammed macht. Auf jeden Fall ist es ihm gelungen, sich unter den Muslimen ebenso viele Feinde zu machen wie alle anderen «rechtgeleiteten» Kalifen.

Das Reich Gottes

Die Bibel lehrt, dass die zentrale Botschaft des Herrn Jesus Christus (des Propheten Isa) das «Reich Gottes» ist. Dies ist genau das Gegenteil der bestialischen und diabolischen Reiche der Menschen, von denen bei den Propheten Daniel und Johannes (Daniel 2 und 7; Offenbarung 13 und 17) die Rede ist.

Der Herr Jesus setzte keinen Kreuzfahrerpapst ein, bevor er wieder in den Himmel aufstieg. Er veranschaulichte seinen Jüngern ein wesentliches Prinzip für den Erfolg der modernen Demokratie: Jesus versammelte seine Jünger um sich, um das Passahmahl zu feiern. Einer der Jünger hätte seinem Herrn die Füße waschen müssen, aber keiner tat es. Vorher hatten sich die Jünger darum gestritten, wer im Reich des Messias der Größte sein werde und wer zu seiner Rechten und wer zu seiner

Linken sitzen werde. Jesus wusste bereits, was Nietzsche später bemerkte: Die meisten Menschen werden angetrieben vom Willen zur Macht. Das galt für die ursprünglichen Kalifen Abū Bakr und Ali ebenso wie für die Jünger Christi, die sich herausragende Machtpositionen in Gottes Reich erhofften.

Über drei Jahre lang machte der Herr Jesus seinen Jüngern immer wieder deutlich, dass ihr weltliches Verlangen, über andere zu herrschen, ein Aspekt der Reiche dieser Welt ist. Gottes Reich ist das Gegenteil davon. Deshalb legte Jesus während dieses letzten Abendmahls sein Gewand ab, band sich ein Handtuch um die Hüften, nahm ein Becken mit Wasser und begann, seinen Jüngern die Füße zu waschen und abzutrocknen. Dann setzte er sich nieder, um zu beten, zu essen und zu lehren.

Während des Essens erklärte ihnen der Herr Jesus, was er gerade getan hatte: «Ihr nennt mich euren Herrn und Meister, und ihr habt recht. Ich bin der Messias; der König der Könige und der Herr aller Herren. Doch mein Reich ist das Himmelreich. Es ist das Gegenteil der Reiche dieser Welt.

In den Reichen dieser Welt erheben sich die Herrscher über ihre Völker. Ich bin gekommen, um ein Reich aufzurichten, in dem derjenige, der der Höchste sein will, der Diener aller sein wird. Wenn ich, euer Herr und Meister, euch die Füße gewaschen habe, so müsst ihr einander auch die Füße waschen. Wenn ihr einander nicht so liebt, wie ich es euch gezeigt habe, könnt ihr nicht meine Jünger sein.

Ihr wisst so gut wie ich, dass es so, wie eure Herzen nun einmal sind, unmöglich für euch ist, diese Art dienender Führung zu praktizieren. Aber mein Vater ist der Weingärtner, und ich bin der Weinstock. Ihr seid die Reben. Wenn ihr in mir bleibt wie eine Rebe am Weinstock, dann wird mein göttliches Leben durch euch fließen. Dann werdet ihr in der Lage sein, die geistliche Frucht der göttlichen Liebe zu erbringen.

Wenn ihr meinem Gebot gehorcht, einander zu lieben, werden mein Vater und ich durch den Geist der Wahrheit in eure Herzen kommen. Wenn Gottes Geist in euren Herzen herrscht … wenn Gott selbst in euren Herzen regiert … wenn ihr seine übernatürliche Kraft empfangt, um göttliche Frucht zu tragen … dann werdet ihr zu lebendigen Zeugen des Reiches Gottes werden» (frei nach Johannes 13–17).

Die Jünger Christi wussten, dass der Herr Jesus ihnen keine fromme Predigt hielt. Er erklärte ihnen tatsächlich das Himmelreich, das Gott auf der Erde errichtete. Schon bei früheren Gelegenheiten hatte Jesus ihre sündige Machtgier bloßgestellt.

Einmal waren sie auf dem Rückweg zu seinem Zuhause in Kapernaum. «Als sie im Haus waren, fragte Jesus die Jünger: ‹Worüber habt ihr unterwegs gesprochen?› Doch sie schwiegen verlegen; denn sie hatten sich darüber gestritten, wer von ihnen der Wichtigste sei. Jesus setzte sich, rief die zwölf Jünger zu sich und sagte: ‹Wer der Erste sein will, der soll sich allen anderen unterordnen und ihnen dienen.› Er rief ein kleines Kind, stellte es in die Mitte und umarmte es. Dann sagte er: ‹Wer solch ein Kind mir zuliebe aufnimmt, der nimmt mich auf. Und wer mich aufnimmt, der nimmt damit Gott selbst auf, weil Gott mich gesandt hat›» (Markus 9,33–37).

Die Jünger erlebten mit, wie der Herr Jesus den Armen die gute Nachricht von Gottes Heil predigte. Sie sahen, wie er hilflose Menschen befreite, die von Dämonen unterdrückt und besessen waren. Sie wurden Zeugen, wie Gottes übernatürliche Macht durch Jesus wirkte, um den Blinden die Augen zu öffnen und die Lahmen gehen zu lassen. Sie sahen, wie Lazarus, der seit vier Tagen tot war, von den Toten auferweckt wurde. Deshalb wussten sie, dass das mächtige Reich Gottes in ihre Mitte gekommen war. Doch ihr Umgang mit Herrschaft war immer noch weltlich.

Markus berichtet uns, wie eines Tages die Mutter von Johannes und Jakobus zu Jesus kam. «Sie warf sich vor ihm nieder und wollte ihn um etwas bitten. ‹Was willst du?›, fragte er.

Sie antwortete: ‹Wenn deine Herrschaft begonnen hat, dann gib meinen beiden Söhnen die Ehrenplätze rechts und links neben dir!›

Jesus entgegnete: ‹Ihr wisst ja gar nicht, was ihr da verlangt. Könnt ihr denn auch das schwere Leiden tragen, das auf mich wartet?›

‹Ja, das können wir!›, antworteten sie.

Darauf erwiderte ihnen Jesus: ‹Ihr werdet tatsächlich leiden müssen, aber trotzdem kann ich nicht bestimmen, wer einmal die Plätze rechts und links neben mir einnehmen wird. Das hat bereits mein Vater entschieden.›

Als die anderen zehn Jünger von dem Wunsch der beiden Brüder hörten, waren sie empört. Da rief Jesus alle zusammen und sagte: ‹Ihr wisst, wie die Machthaber der Welt ihre Völker unterdrücken. Wer die Macht hat, nutzt sie rücksichtslos aus. Aber so darf es bei euch nicht sein. Wer groß sein will, der soll den anderen dienen, und wer der Erste sein will, der soll sich allen unterordnen. Auch der Menschensohn ist nicht gekommen, um sich bedienen zu lassen. Er kam, um zu dienen und sein Leben hinzugeben, damit viele Menschen aus der Gewalt des Bösen befreit werden›» (Matthäus 20,20–28).

Als der König der Könige sich bückte, um seinen Jüngern die Füße zu waschen, begann er eine geistliche Revolution. Die Anwendung dieses Prinzips führte dazu, dass die Könige von England allmählich ihre Macht verloren. Die Macht der Diener begann zuzunehmen: Der Erste Diener (der Premierminister) wurde in das wichtigste Amt erhoben. Er herrschte nicht mit brutalen Milizen, sondern mit einem Bataillon von Menschen, die den öffentlichen Dienst versahen.

Der Herr Jesus gründete ein Reich, dessen Herrscher die Autorität und die Macht hatten, jedes Joch zu zerbrechen, die Unterdrückten zu befreien und die Schwachen zu stärken. Niemandem aber wurde von ihm die Macht gegeben, hilflose Frauen zu entführen und zu versklaven.

Der Wandel von Herrschern zu dienenden Führern war ein Faktor, der erklärt, warum die westlichen Demokratien relativ erfolgreich waren. Ebenso wichtig war die geistliche Erneuerung der gewöhnlichen Bürger.

Nikodemus war ein gebildeter jüdischer Lehrer, ein Mitglied des Sanhedrin, des jüdischen Hohen Rates, der sowohl für gesellschaftliche als auch für religiöse Fragen zuständig war. Eines Nachts kam er zu Jesus und gab zu, dass Jesus ein von Gott gesandter Lehrer war, indem er sagte: «Niemand kann die Wunder tun, die du vollbringst, wenn Gott ihn nicht dazu befähigt.»

Jesus war nicht auf Schmeicheleien aus. Er war gekommen, um Gottes Reich auf der Erde zu begründen. Also kam er direkt auf den Punkt. «Ich will dir etwas sagen, Nikodemus: Wer nicht neu geboren wird, kann nicht in Gottes neue Welt kommen.»

Nikodemus war verwirrt. Vielleicht dachte er, der Messias werde, um Israel von dem verhassten Römischen Reich zu befreien und das Königtum Davids unter den Juden wieder aufzurichten, die stärkste Miliz aller Zeiten aufstellen. Aber nun stand er vor diesem seltsamen Mann, der Dinge sagte, die er nicht verstand. Jesus behauptete, der Befreier zu sein, aber er sagte, auch ein hoch angesehener religiöser Führer wie Nikodemus brauche eine neue Geburt.

Also protestierte Nikodemus: «Wie kann ein Erwachsener neu geboren werden? Er kann doch nicht wieder in den Mutterleib zurück und noch einmal auf die Welt kommen!»

Daraufhin erklärte ihm der Herr Jesus, das Reich Gottes sei keine Religion, die sich mit dem Schwert durchsetzen ließe. Es gehe um eine geistliche Verwandlung, um eine neue Geburt: «Ich sage dir die Wahrheit! [...] Nur wer durch Wasser und durch Gottes Geist neu geboren wird, kann in Gottes neue Welt kommen! Ein Mensch kann immer nur menschliches Leben zur Welt bringen. Wer aber durch Gottes Geist geboren wird, bekommt neues Leben. Wundere dich deshalb nicht, wenn ich dir gesagt habe: Ihr müsst neu geboren werden. Es ist damit wie beim Wind: Er weht, wie er will. Du hörst ihn, aber du kannst nicht erklären, woher er kommt und wohin er geht. So ist es auch mit der Geburt aus Gottes Geist.»

Nikodemus und Jesus waren beide Juden. Nun erfuhr Nikodemus, dass man, um in das Reich Gottes zu gelangen, weder Religionskriege führen noch seine Religionszugehörigkeit ändern musste. Um in Gottes Reich zu gelangen, musste ein natürlicher Mensch einen neuen, übernatürlichen Geist empfangen. Jesus hatte ihm bereits gesagt, dass diese neue Geburt ein geheimnisvolles Wirken des Geistes Gottes war. Doch Nikodemus wollte dieses Geheimnis ganz durchdringen. Also fragte er: «Aber wie soll das nur vor sich gehen?»

«Du bist doch ein anerkannter Gelehrter in Israel», entgegnete ihm Jesus, «und müsstest das eigentlich verstehen! Glaube mir: Wir reden nur von dem, was wir genau kennen. Und was wir bezeugen, das haben wir auch gesehen. Trotzdem nehmt ihr unser Wort nicht an. Ihr glaubt mir ja nicht einmal, wenn ich von ganz alltäglichen Dingen rede! Wie also werdet ihr mir dann glauben, wenn ich euch erkläre, was im Himmel geschieht? Es gibt nur einen, der zum Himmel hinaufsteigt: der Menschensohn, der vom Himmel herabgekommen ist. Du weißt doch, wie Mose in der Wüste eine Schlange aus Bronze an einem Pfahl aufrichtete, damit jeder, der sie ansah, am Leben blieb. Genauso muss auch der Menschensohn erhöht werden. Jeder, der ihm vertraut, wird das ewige Leben haben. Denn Gott hat die Menschen so sehr geliebt, dass er seinen einzigen Sohn für sie hergab. Jeder, der an ihn glaubt, wird nicht zugrunde gehen, sondern das ewige Leben haben» (Johannes 3,3–16).

Wie konnte es der Reformation in Schottland gelingen, korrupten Geistlichen und rücksichtslosen Herrschern ihre religiöse und politische Macht abzunehmen und sie den einfachen Menschen zu übergeben? Wie kam es dazu, dass Gott mit der Stimme des Volkes sprach und nicht mit der von Päpsten und Bischöfen?

Die Antwort ist, dass die europäischen Reformatoren das Wort Gottes in die Muttersprachen der Menschen übersetzten, die Bibel überall verbreiteten und darüber lehrten. Sie tauften – oder «marinierten» – Gottes Volk in Gottes Wort. Sie stellten die Kanzel dorthin, wo in der mittelalterlichen Kirche der Tisch mit den Sakramenten gestanden hatte – mitten in den Altarraum der Anbetung.

Die Reformatoren folgten dem Apostel Petrus, der sagte, die Menschen müssten «wiedergeboren» sein, «nicht aus vergänglichem, sondern aus unvergänglichem Samen, nämlich aus dem lebendigen Wort Gottes, das da bleibt» (1. Petrus 1,23; Luther).

Die Demokratie hatte im Westen nicht deshalb Erfolg, weil die Reformatoren Regime stürzten, sondern weil sie die Anweisung des Apostels Paulus befolgten: «Passt euch [politisch und ideologisch] nicht dieser Welt an, sondern ändert euch, indem ihr euch von Gott völlig neu ausrichten lasst. Nur dann könnt ihr beurteilen, was Gottes Wille ist, was gut und vollkommen ist und was ihm gefällt» (Römer 12,2).

Warum wollten die Apostel und die europäischen Reformatoren, dass gewöhnliche Bürger Gottes Willen kennenlernten, indem sie sein Wort studierten?

Weil der Herr Jesus selbst seine Jünger lehrte, so zu beten: «Dein Reich komme. Dein Wille geschehe im Himmel wie auf Erden» (Matthäus 6,10). Wie kann Gottes Wille auf Erden geschehen, wenn wir nicht wissen, was sein Wille ist? Und wie können wir es wissen, wenn wir nicht Gottes Wort studieren?

Gottes Wort, so sagt es die Bibel, ist «schärfer als die Klinge eines beidseitig geschliffenen Schwertes; dringt es doch bis in unser Innerstes, bis in unsere Seele und unseren Geist, und trifft uns tief in Mark und Bein. Dieses Wort ist ein unbestechlicher Richter über die Gedanken und geheimsten Wünsche unseres Herzens» (Hebräer 4,12). Die Stimme des Volkes (in einer Demokratie) kann nur dann zur Stimme Gottes werden, wenn das Denken der Menschen durch Gottes Wort so erneuert wurde, dass sie Gottes guten und vollkommenen Willen kennen. Eine Demokratie hingegen, die Gottes Wort verachtet, wird die Stimme des Volkes zur Stimme des Teufels verkehren.

Weder das Schwert noch Kreuzzüge noch Selbstmordanschläge können Gottes Reich herbeiführen. Der Herr Jesus lehrte, mit dem Reich Gottes sei es so, wie wenn man ein winziges Samenkorn aussät – das Wort Gottes. Dieser Same geht auf und wird zu einer Pflanze, die Leben spendende Früchte trägt (Matthäus 13,1–13).

Meine muslimischen Freunde, denen der Kalif «Ibrahim» (al-Baghdadi) peinlich ist, werden das zweite Gleichnis, mit dem Jesus das Reich Gottes erklärt, sehr interessant finden. Er sagte:

«Die neue Welt Gottes kann man vergleichen mit einem Bauern und der guten Saat, die er auf sein Feld säte. Eines Nachts, als alles schlief, kam sein Feind, säte Unkraut zwischen den Weizen und schlich sich davon. Als nun die Saat heranwuchs, ging auch das Unkraut auf.

Da kamen die Arbeiter des Bauern und fragten ihn: ‹Hast du denn nicht gute Saat auf dein Feld gesät? Woher kommt dann das Unkraut?›

‹Das muss mein Feind gewesen sein›, antwortete der Bauer.

‹Sollen wir das Unkraut ausreißen?›, fragten die Arbeiter.

‹Nein, dabei würdet ihr ja den Weizen mit ausreißen. Lasst beides bis zur Ernte wachsen. Dann werde ich den Erntearbeitern befehlen: Sammelt zuerst das Unkraut ein, bindet es zusammen und verbrennt es! Den Weizen aber bringt in meine Scheune!›» (Matthäus 13,24–30).

«Später baten ihn seine Jünger: ‹Erklär uns doch das Gleichnis vom Unkraut auf dem Acker.› Jesus antwortete: ‹Der Menschensohn selbst ist der Bauer, der die gute Saat aussät. Der Acker ist die Welt, die Saat sind die Menschen, die zu Gottes neuer Welt gehören, und das Unkraut sind die Leute, die dem Satan gehorchen. Der Feind, der das Unkraut zwischen den Weizen sät, ist der Teufel. Die Ernte ist das Ende der Welt, und die Erntearbeiter sind die Engel. Wie das Unkraut vom Weizen getrennt und verbrannt wird, so wird es auch am Ende der Welt sein: Der Menschensohn wird seine Engel senden. Sie werden aus der neuen Welt Gottes alle, die Unrecht tun und andere zur Sünde verführen, aussondern und sie in den brennenden Ofen werfen. Dort wird nur Heulen und ohnmächtiges Jammern zu hören sein. Aber alle, die Gottes Willen tun, werden in der neuen Welt ihres Vaters leuchten wie die Sonne. Hört genau auf das, was ich euch sage!›» (Matthäus 13,36–43).

Die mittelalterliche Kirche in Europa machte sich schuldig, indem sie genau das tat, was der militante Islam heute zu tun versucht – sie verbrannte das Unkraut (die Ketzer und die Abtrünnigen). Durch die Inquisition tat die mittelalterliche Kirche das, was der heutige militante Islam durch Fatwas, Selbstmordanschläge und Genozid tut. Die Menschen des Reiches Gottes, die an das letzte Gericht glauben, können es sich leisten, die Leute, die dem Satan gehorchen, in ihrer Mitte (ihren Gemeinschaften, Städten und Ländern) bis zur Ernte wachsen zu lassen. Am Ende wird Gott Gerechtigkeit schaffen. Er befiehlt seinen Kindern, die Sünder so zu lieben, wie er sie liebt. Er gebraucht die Gerechten nicht, um die Bösen zu verbrennen.

Gott ruft die Gerechten vielmehr auf, die Sünder zu *lieben,* weil er selbst die Bösen so sehr liebte, dass er den Messias sandte, um uns von unserer Sünde zu erretten. Schauen wir uns also an, wie der «böse Westen» reformiert wurde, um die Samen auszusäen, durch welche die muslimische Welt erneuert werden kann.

6 Was ist das Problem – die Flüchtlinge oder der Islam?

Flüchtlinge strömen nach Europa und Amerika, weil dort gutes Leben und Wohlstand zu finden sind. Diese Länder mögen vieler Sünden schuldig sein, doch manche Aspekte ihrer Kultur machen sie höchst attraktiv. Allerdings befürchten viele Europäer und Amerikaner, dass mit den Flüchtlingen auch militante Islamisten in ihre Länder gelangen könnten.

In den europäischen Medien wird 2015 «das Jahr der Flüchtlinge» genannt. Weit über eine Million Flüchtlinge sind in Europa eingetroffen, und es werden noch viel mehr erwartet. Die Krise wird sich verstärken, sollten die schwelenden Spannungen in der Südtürkei und in Saudi-Arabien zu ausgewachsenen Bürgerkriegen eskalieren.[27] Manche Nachbarländer und Gruppen würden Rebellen unterstützen, um die Türkei und Saudi-Arabien auseinanderbrechen zu lassen. Andererseits würden manche Türken gern das Osmanische Reich wiederherstellen und das Kalifat wiederbeleben.

In Europa herrscht Nervosität, weil dies viel mehr ist als eine humanitäre Krise. Die Regierungen werden die politischen Auswirkungen sowohl der Religionsflüchtlinge als auch der Wirtschaftsmigranten zu spüren bekommen. Parteien, die sich gegen mehr Flüchtlinge wehren, gewinnen an Einfluss. Umgekehrt setzen sich die rivalisierenden Parteien für die Rechte der Flüchtlinge ein. Immer häufiger wird die Forderung laut, die

Reisefreiheit in Europa wieder abzuschaffen. Manche verlangen sogar einen Ausstieg ihres Landes aus dem Schengener Abkommen oder der Euro-Zone.

Die führenden Politiker wissen, dass sowohl Europa als auch Amerika mehr Einwanderer brauchen. Das Wachstum der säkularisierten, postchristlichen Bevölkerung Europas geht zurück. Immer mehr Europäer heiraten nicht oder erst relativ spät. Ehepaare haben weniger Kinder. Viele brechen Schwangerschaften ab oder entscheiden sich ganz gegen Kinder. In mindestens zwanzig europäischen Ländern schrumpft die Bevölkerungszahl bereits. Warum also gewinnen Parteien, die gegen Einwanderung sind, an Boden?

Während der vergangenen hundert Jahre haben Europa und Amerika eine Welle von Immigranten und Flüchtlingen nach der anderen aufgenommen. Sie haben die Kapazität, noch weitere Millionen zu absorbieren. Das Unbehagen rührt also nicht aus einer Furcht, Europa und Amerika könnten nicht in der Lage sein, diese Menschen unterzubringen und für ihre Ernährung, Kleidung und Bildung zu sorgen. Sondern die Befürchtung ist, dass der gegenwärtige Flüchtlingsstrom nach Europa eine zerstörerische Saat mit sich bringt.

Manche islamischen Migranten haben in ihrer Kultur gelernt, ihre Differenzen nicht auf zivilisierte Weise, sondern durch Gewalt beizulegen … und dass Menschen, die sich im Glauben, in den Gottesdienstformen, Wertvorstellungen, in der Ernährung, der Kleidung und im Lebensstil von ihnen unterscheiden, minderwertig seien und keine Rechte hätten oder wertlos seien. Manche glauben, das Gesetz der Scharia müsse alle Gesetze außer Kraft setzen, die von «Ungläubigen» geschaffen wurden. Deshalb müsste es ihren Söhnen verboten sein, ihre heilige Schrift kritisch zu hinterfragen, und ihre Töchter dürften weder Freiheit noch Gleichberechtigung genießen.

Können solche muslimischen Flüchtlinge sich in die europäische und amerikanische Kultur integrieren? Oder werden sie noch mehr Schriftsteller, Filmemacher und Karikaturisten ermorden, Bomben auf freie Zeitungsredaktionen werfen, die Freiheit der Forschung und Veröffentlichung einschränken und so eben das Gute, das sie doch eigentlich nach Europa gelockt hat, zerstören?

Sicher, die muslimischen Immigranten werden eine radikal andere Weltanschauung mitbringen. Aber warum ist Europa deswegen so nervös? Warum sollte Europa sich vor der Herausforderung der Kernwerte seiner Kultur durch die Einwanderer fürchten?

Die traurige Wirklichkeit ist, dass die Europäer Angst haben, weil sie weder wissen, was den Westen groß gemacht hat, noch, warum ihre Kultur anders ist als die nichtwestlichen Kulturen. Politische Korrektheit und Multikulturalismus verbieten es ihnen, zu sagen, dass und inwiefern ihre Kultur in irgendeiner Weise besser sei als andere.

Das Problem ist nicht, dass muslimische Flüchtlinge die intellektuelle Saat ihrer eigenen Zerstörung mitbringen. Das eigentliche Problem ist der europäische Nihilismus. Das postmoderne Europa hat die Prinzipien (die Samen) verloren, die Europa groß und erstrebenswert gemacht haben.

«Kann Gott ein Hund werden?»

An einem Sonntagnachmittag im Jahr 1998 sprach ich an der Speakers' Corner im Hyde Park in London. Eine organisierte Gruppe junger muslimischer Männer fing an, mich mit Zwischenrufen zu unterbrechen. Ich versuchte, geduldig darauf einzugehen. Aber keiner von ihnen stellte Fragen. Sie wollten nichts verstehen. Ihr Verstand war abgeschottet.

Die Speakers' Corner und ähnliche politische Straßentribünen existieren, weil man in Großbritannien und im Westen an das Recht auf freie Meinungsäußerung glaubt, auch dann, wenn diese sich gegen die Obrigkeit richtet und sie kritisiert. Jeder Mensch hat das unveräußerliche Recht, seine religiösen Überzeugungen auszusprechen und auszuüben; es wurde ihm von seinem Schöpfer verliehen.

Manche muslimischen jungen Männer freilich sind geradezu geschult darin, Rednern ihr Recht auf freie Meinungsäußerung zu verweigern und denen, die sie anhören wollen, die Möglichkeit dazu zu rauben. Sie wurden in Londoner Moscheen daraufhin geschult, einen Redner mit etlichen Einwänden gleichzeitig zu bombardieren. Sie bemühen sich, den Redner immer wieder abzulenken, und ebenso das Publikum, bis die Leute frustriert sind und weggehen. Solche Agitatoren missbrauchen ihre «demokratischen» Rechte, wenn sie mir mit «Zwischenrufer-Vetos» das Recht verweigern, zu sprechen und gehört zu werden. Sie leben in Großbritannien. Sie studieren dort. Aber weder ihre säkulare Bildung noch ihre Moscheen vermitteln ihnen die Fähigkeit, die westlichen Freiheiten der Meinungsäußerung und der Religionsausübung zu verstehen und zu respektieren.

Ich beschloss, mit dieser Gruppe von Muslimen in ein Café zu gehen und ihnen zuzuhören. Ich wollte sie verstehen. Zuerst erklärten sie mir, warum sie meine Würde als Denker und Redner verletzt hatten: Sie glaubten, dass «Gott groß ist» und dass er deshalb unmöglich als hilfloses Baby in einer Krippe in Bethlehem Mensch geworden sein konnte. Für sie war es Blasphemie, dass der allmächtige Gott ein hilfloser Mensch geworden, dass er nackt an ein Kreuz genagelt und gedemütigt worden sein soll. Eine solche Menschwerdung, behaupteten sie, passe nicht zu Gottes Majestät. Darum war es für ihr Denken unlogisch. «Kann Gott ein Hund werden?», fragte einer von ihnen.

Meine Gegenfrage lautete: «Wenn Gott wirklich groß, unendlich und allmächtig ist, dann kann er doch gewiss tun, was er will. Wie groß ist ein Gott, der durch deine Logik begrenzt ist? Hat dir niemand gesagt, dass das Festhalten an der Logik des Aristoteles sowohl den Islam als auch die Kirche des Mittelalters daran hinderte, eine moderne Wissenschaft zu entwickeln? Die wissenschaftliche Revolution kam erst in Gang, als Christen anfingen, die Bibel zu lesen, und sahen, dass darin Beobachtung mehr gilt als Logik. Die Frage ist nicht, ob Gott Mensch werden konnte. Der Allmächtige kann tun, was er will. Die eigentliche Frage lautet: *Ist* Gott Mensch geworden? Und wenn er es getan hat – warum?»

Der Islam kam mit der aristotelischen Logik und Physik in Berührung, als er das byzantinische Reich eroberte. Viele christliche Mönche in Osteuropa hatten die griechischen Klassiker studiert, abgeschrieben und gelehrt. Manche dieser Mönche «wurden» Muslime, als sie vor die Wahl gestellt wurden, sich entweder einen Kopf kürzer machen zu lassen oder sich zum Islam zu bekehren. Durch diese Zwangsbekehrungen gelangte das griechische Denken in den Islam. Ihre Nachfolger bauten auf den griechischen intellektuellen Grundlagen auf. Aber diese Grundlagen waren fehlerhaft: Die Priorisierung einer oberflächlichen Logik wurde zur intellektuellen Falle.

Zum Beispiel lehrte Aristoteles (384–322 vor Christus), wenn zwei Gegenstände von gleicher Größe, aber unterschiedlichem Gewicht aus gleicher Höhe herabfielen, würde der schwerere Gegenstand schneller fallen. Weiter lehrte er, aufgrund der Tatsache, dass ein «Kreis» eine perfekte geometrische Form sei, müsse die Bahn der Planeten kreisförmig sein. Beide Aussagen hörten sich logisch an und wurden anderthalb Jahrtausende lang geglaubt. Vor Galileo (1564–1642) überprüfte niemand diese Behauptungen. Warum nicht? Weil die Anhänger des Aristoteles davon ausgehen, die Logik (und nicht etwa die Beobachtung) sei der Weg zur Wahrheit.

In einem Gedankenexperiment und dann in einem Versuch ließ Galileo angeblich zwei Bälle vom Schiefen Turm zu Pisa fallen und fand dabei heraus, dass der schwerere und der leichtere Ball beide gleichzeitig unten ankamen. Diese Beobachtung zwang die Forscher dazu, die «wissenschaftliche Methode» anzuwenden, um die Fehlschlüsse der aristotelischen «Logik» zu vermeiden.

Aristoteles war davon ausgegangen, dass die Fallgeschwindigkeit eines Gegenstandes von seinem Gewicht abhänge. Da

Galileos Modelle und Beobachtungen nicht mit der Logik des Aristoteles übereinstimmten, musste die moderne Wissenschaft ihre Grundlagen überdenken. In Newtons Schwerkraftgesetz wird quantifiziert, dass die Beschleunigung eines Gegenstandes vom Verhältnis zwischen der einwirkenden Kraft und seiner Masse abhängt: Die Schwerkraft hängt ab vom Produkt der beiden Massen und umgekehrt vom Quadrat ihrer Entfernung.

Ebenso wertete der deutsche Astronom Johannes Kepler (1571–1630) anhand der hervorragenden Daten des dänischen Astronomen Tycho Brahe (1546–1601) die Umlaufbahn des Mars aus. Kepler fand heraus, dass Aristoteles mit seinem logischen Schluss auf eine kreisförmige Planetenbahn falsch lag. Kepler entwickelte Gesetze der Planetenbewegungen, aus denen sich die elliptische Bahn des Mars ergibt.

Die A-Priori-Festlegung auf die Logik verleitete große muslimische Denker wie Avicenna (980–1037) und Averroës (1126–1198) zu dem irrigen Glauben, die Physik des Aristoteles sei vollständig und unfehlbar. Als Beobachtungen der Logik widersprachen, kamen sie zu dem Schluss, die Beobachtungen müssten falsch sein.

Die wissenschaftliche Revolution vollzog sich im christlichen Europa und nicht in der islamischen Welt, weil die Bibel manchen europäischen Theologen die Freiheit verschaffte, logische Argumente im Licht beobachteter Fakten zu korrigieren. Der Theologe Wilhelm von Ockham in Oxford (1288–1347) stellte das einfachste Modell, das den Tatsachen entspricht, über die Logik. Er meditierte über den ersten Vers der Bibel, 1. Mose 1,1: «Am Anfang schuf Gott Himmel und Erde.» Daraus geht hervor, dass Gott vor dem Kosmos und seinen logischen sowie physikalischen Gesetzen existierte. Gott erschuf die Gesetze der Physik, die den Kosmos beherrschen – und die Logik, die die Grundlage der Vernunft bildet.

Da Gott vor der Logik existierte, konnte die Logik Gott nicht binden. Gott hätte auch eine andere Welt erschaffen können. Wasser gefriert bei 0 Grad Celsius und kocht bei 100 Grad Celsius. Gott hätte auch einen Kosmos erschaffen können, in dem Wasser bei ganz anderen Temperaturen gefriert und kocht.

Gott ist frei – das bedeutet, dass unsere Logik nicht von vorneherein darüber entscheiden kann, was Gott tun kann oder nicht tun kann. Die Demut verlangt, dass wir beobachten, was Gott tatsächlich getan hat, und daraus unsere Schlüsse ziehen. Es müssen keine Fakten zurechtgebogen werden, damit sie unserer Logik entsprechen, wie zwingend unsere Logik uns auch erscheinen mag. Menschliche Wissenschaft und Logik müssen den beobachteten Tatsachen entsprechen. So wurde mit der Zeit die biblische Lehre über die absolute Freiheit Gottes zur intellektuellen Grundlage der modernen Wissenschaft, die verlangt, dass Logik und Theorien den beobachteten Tatsachen entsprechen müssen.[28]

«Also», sagte ich zu meinen neuen Freunden im Café in der Nähe des Hyde Park, «die richtige Frage ist nicht, ob Gott Mensch werden kann oder nicht. Die angemessene Frage lautet: *Ist* Gott Mensch geworden? Wenn Gott ein Mensch geworden ist, was verrät uns dann diese Menschwerdung über den Menschen?»

Könnte es sein, dass Gott deshalb ein Mensch wurde, weil ein Mensch viel mehr ist als nur ein Tier? Dass der Mensch tatsächlich nach dem Bild Gottes erschaffen ist?

Wenn Gott Mensch wurde und sein Leben am Kreuz opferte, um sündige Menschen zu retten, könnte es dann sein, dass ein sündiger Mensch für Gott unendlich kostbar ist? Dass Sünder nicht bombardiert, sondern gerettet werden sollten?

Europa ist deshalb anders als die islamische Welt, weil die Schriftsteller der Renaissance wie Pico della Mirandola (1463–1494) das einzigartige westliche Prinzip der Menschenwürde entdeckten. In seiner *Rede über die Würde des Menschen* formulierte Mirandola die christliche Begründung für die Würde des sündigen Menschen. Jeder Mensch hat eine einzigartige Würde, und zwar aus zwei Gründen: 1. Jeder ist nach Gottes Bild geschaffen, ob Mann oder Frau. 2. Um sein Ebenbild in dem in Sünde gefallenen Menschen wiederherzustellen, wurde Gott Mensch und starb als Opferlamm, um unsere Sünde wegzunehmen. Das ist das Evangelium – die Gute Nachricht.

Das Evangelium ist der Same, der die Europäer lehrte, Menschen ebenso zu lieben, wie Gott sie liebt. Das machte die christliche Welt zu einer radikal anderen als die nichtchristliche Welt.

Es mag sich merkwürdig anhören, aber Picos Aussagen über die Menschenwürde ergaben sich aus einer Debatte darüber, wer größer sei: Menschen oder Engel. Im Spätmittelalter beteten viele Europäer zu den Engeln. Petrarca (1304–1374), ein italienischer Pionier der Renaissance, äußerte Einwände dagegen, zu Engeln zu beten. Er las in der Bibel, Engel seien dienstbare Geister. Gott sendet sie, damit sie seinen Kindern dienen – den Menschen. Wenn das so ist, warum sollten Menschen dann Engel anbeten?

Dieses Argument wurde noch weiter untermauert durch biblische Beispiele, in denen Daniel (8,17–18) und Johannes (Offenbarung 22,8–9) vor Engeln niederfielen, um sie anzubeten, aber dafür getadelt und angewiesen wurden, nur Gott anzubeten und keine geschaffenen Wesen. Aus diesen Gründen schrieb Coluccio Salutati (1331–1406), die Menschen seien einzigartig.

Gott wurde kein Engel. Er wurde Mensch, um sein Ebenbild in den Menschen wiederherzustellen. Logischerweise stehen also Männer und Frauen über den Engeln.

Es versteht sich, dass diese Debatte eine Herausforderung für die religiöse Tradition Europas war. Die Autoren der Renaissance beschäftigten sich ausgiebig mit den lateinischen und griechischen Klassikern und zitierten sie häufig. Aber ihre revolutionäre Sicht des Menschen stammte aus der biblischen Lehre, dass Gott Menschen anders schuf als Engel und dass Gott Mensch wurde und damit die Einzigartigkeit der Menschheit bekräftigte.

Johannes Calvin (1509–1564), der große protestantische Theologe, baute auf den Lehren dieser Renaissanceschriftsteller auf. Seine Lehre von der «völligen Verderbtheit» das Menschen wird oft missverstanden. Calvin eröffnete sein enorm einflussreiches Buch *Unterricht in der christlichen Religion* mit der Aussage, unsere Kenntnis des Menschen sei durchwirkt und abhängig von unserer Gotteserkenntnis: Weil der Mensch nach dem Bilde Gottes erschaffen sei, könnten wir den Menschen nicht verstehen, ohne zuerst Gott zu verstehen. Das Missverständnis bestand darin, dass Calvin mit seiner Lehre nicht etwa sagen wollte, dass der Mensch vollkommen verdorben sei. Sondern Calvin wandte sich gegen Pico della Mirandolas Annahme, als Adam und Eva sündigten, sei nur ihr Herz in Sünde gefallen, nicht aber ihr Verstand oder ihre Logik. Dem hielt Calvin entgegen, die Sünde betreffe die Gesamtheit – also jeden Aspekt – unseres Menschseins, einschließlich unserer Logik. Deshalb sei unser Verstand genauso auf Gottes erneuernde Gnade angewiesen wie unser Herz.

Die Invasion muslimischer Flüchtlinge erscheint bedrohlich, weil die westlichen Intellektuellen schon lange die philosophischen Grundlagen ihres Glaubens – die Grundlagen der Menschenwürde, der Gleichheit aller Menschen und der Menschenrechte – vergessen haben. Viele haben nie die lebensverändernde Kraft des Evangeliums erfahren.

Der Humanismus führte den englischen Dichter Alexander Pope (1688–1744) dazu, Johannes Calvins Theologie zu widersprechen. Pope schrieb: «Know then thyself, presume not God to scan, the proper study of mankind is man (*Darum erkenne dich selbst; maße dir nicht an, Gott zu durchschauen. Das angemessene Studienobjekt der Menschheit ist der Mensch*).» Ohne Offenbarung, meinte Pope, könne der Mensch mit dem Verstand Gott nicht erkennen. Um also etwas über den Menschen zu erfahren, solle man sich mit den Humanwissenschaften beschäftigen, nicht mit der Theologie.

Charles Darwin ging den nächsten Schritt, um Gott ganz auszuschließen, und stellte die Hypothese auf, die Menschen stammten von Tieren ab.

Pope war ein guter Dichter, aber ein schlechter Philosoph. Auf uns allein gestellt können wir «Partikularien» nicht philosophisch verstehen, ohne sie in Bezug zu Universalien zu setzen.[29] Seit Darwin glaubte der Westen, um den Menschen zu verstehen, müsse man nicht Gott, sondern die Tiere studieren. Infolgedessen haben Europa und die westliche Welt eine ihrer Grundüberzeugungen verloren – die Überzeugung von der ihm innewohnenden Würde des Menschen.

Nun können westliche Universitäten dem libyschen Diktator Oberst Gaddafi nicht mehr widersprechen. Sie haben keine Grundlage mehr dafür, irgendeinen metaphysischen Unterschied zwischen einem Menschen, einer Ratte und einer Kakerlake zu postulieren. Nachdem sie Gott ausgeschlossen haben, ruht ihr ererbter Glaube an die Menschenwürde nur noch auf dem Sand der Evolution, nicht mehr auf dem Felsen solider Vernunftargumente und objektiver Beobachtung. Beim Studium des Menschen hält sich der Westen heute nicht mehr an Einsteins Maxime, wonach man Modelle so einfach machen sollte wie möglich, aber nicht noch einfacher.

Die meisten Europäer vertreten nicht mehr die Weltanschauung der Bibel, obwohl sie sich danach sehnen, dass ihre Kultur ihre christlichen Werte behält. Somit haben sie guten Grund zu der Befürchtung, ihre fundamentlose Kultur könnte ins Wanken geraten unter den starken Wellen islamischer Flüchtlinge –

die das Prinzip der einzigartigen Würde des Menschen verwerfen, weil der Islam die Menschwerdung Gottes in Jesus ablehnt.

Darüber hinaus ist festzustellen, dass der Islam die Menschwerdung Gottes deshalb verneint, weil er die Dreieinigkeit ablehnt. Lassen Sie uns darum untersuchen, wie diese Ablehnung der Dreieinigkeit dem Islam schadet.

7 Die Trinität: Der Kultur-Konflikt

Wollen wir durch Zwang oder durch Kooperation leben? Unter Tyrannen oder unter der Herrschaft des Rechts?

Am 2. Januar 2016 wurde die westliche Welt erschüttert von der Nachricht, dass Saudi-Arabien einen hoch angesehenen Advokaten der Freiheit, Scheich Nimr al-Nimr, gemeinsam mit sechsundvierzig anderen hingerichtet hat. Während des pro-demokratischen Arabischen Frühlings 2011 war der Schiit Nimr ein prominenter Fürsprecher der friedlichen Massenproteste in der Ostregion Saudi-Arabiens gewesen. Er trat für die Wiedererlangung der Unabhängigkeit der Ostregion ein.[30] Die schiitische Jugend liebte ihn.

Der Bruder des Geistlichen, Muhammad al-Nimr, twitterte die Nachricht über al-Nimrs Todesurteil – und wurde prompt verhaftet. Einem Reporter der Nachrichtenagentur Reuters gegenüber erklärte er, die Entscheidung des saudischen Großmuftis Scheich Abd al-Aziz asch-Schaich, seinen Bruder hinzurichten, sei ohne eine Möglichkeit der Berufung gefällt worden – ja sogar, ohne dass die Anwälte oder Angehörigen benachrichtigt wurden. Die Familie wollte Scheich al-Nimr nach schiitischem Ritual beerdigen; aber Saudi-Arabien verweigerte ihr sogar die Herausgabe seines Leichnams.

Die Hinrichtung Scheich al-Nimrs und die Verhaftung seines

Bruders signalisierten, dass der saudische König Salman seinen Führungsanspruch über die sunnitische Welt durchsetzen und genauso streng sunnitisch sein will wie der Islamische Staat (IS), indem er Schiiten tötet. Die sunnitische Jugend will er gewinnen, indem er kompromisslos den Islam durchsetzt. Die Meinung der Welt, besonders die der Vereinigten Staaten, will er ignorieren und wie der Kalif Abū Bakr jede Opposition unterdrücken.

Einer der Vorwürfe gegen Nimr lautete, er habe die Welt aufgefordert, sich in die inneren Angelegenheiten Saudi-Arabiens einzumischen, obwohl seinerzeit der saudische König Fahd höchstselbst Präsident George H. W. Bush gebeten hatte, Saddam Hussein aus Kuwait zu vertreiben.

Das schiitische Regime im Iran und der Oberbefehlshaber seiner bewaffneten Streitkräfte haben auf die Hinrichtung mit der öffentlichen Ankündigung reagiert, Saudi-Arabiens sunnitische Regierung werde für dieses gewaltsame Vorgehen einen hohen Preis bezahlen.

Federica Mogherini, EU-Außen- und Sicherheitsbeauftragte, hat al-Nimrs Hinrichtung verurteilt. Sie sagte: «Der konkrete Fall von Scheich Nimr al-Nimr wirft ernste Bedenken hinsichtlich der Freiheit der Meinungsäußerung und der Respektierung grundlegender bürgerlicher und politischer Rechte» in Saudi-Arabien auf.

In Teheran setzten iranische Demonstranten die saudische Botschaft in Brand, woraufhin die Saudis ihre diplomatischen Beziehungen zum Iran abbrachen. Aus den USA kam die Warnung, dass «die Hinrichtung des prominenten schiitischen

Geistlichen Scheich Nimr al-Nimr die Sektenrivalität im Nahen Osten weiter verschärfen» könne.

Sowohl die EU als auch die USA scheinen so zu tun, als hätten sie nicht gemerkt, worum es bei der Hinrichtung al-Nimrs offensichtlich ging: Saudi-Arabien schickte damit der sunnitischen Jugend die klare Botschaft, dass das Land keine Marionette des Westens ist. Dass es das Gesetz der Scharia kompromisslos durchsetzt, ohne sich um das liberale Gerechtigkeitsverständnis des Westens zu kümmern.

Diese rücksichtslose Hinrichtung wurde als notwendig erachtet, um Sunniten in aller Welt eine Alternative zu al-Baghdadis Kalifat vor Augen zu führen. Da «Kalif Ibrahim» (al-Baghdadi) amerikanische Journalisten und Mitarbeiter von Hilfsorganisationen enthauptet, um seine Glaubwürdigkeit als Dschihadist zu beweisen, muss der saudische König Salman den Beweis antreten, dass sein Dschihad sich ebenso gegen die «Ungläubigen» richtet – gegen die «abtrünnigen» Schiiten ebenso wie gegen die westlichen «Kreuzritter».

Die saudische Königsfamilie bemüht sich inständig, die Vorwürfe des IS/ISIS/Daesh zu entkräften, Saudi-Arabien sei korrupt und trete nicht wirklich für den wahren Islam und das Gesetz der Scharia ein. Dazu entsandte man 30.000 Soldaten, um dschihadistische Angriffe aufzuhalten, und baute in fieberhafter Eile die ersten knapp tausend Kilometer eines Hochsicherheitszauns, um sich gegen den IS/ISIS/Daesh zu schützen, nachdem al-Baghdadi Saudi-Arabien mit Eroberung gedroht und es angegriffen hatte.[31]

Indem er sich zum «Kalifen Ibrahim» erklärte und von

allen Muslimen Gehorsam verlangte, erhob al-Baghdadi den Anspruch, um den strengen, wahren Islam wieder aufzurichten, müssten sich die Muslime unter *einem* Kalifat (dem «Islamischen Staat») vereinen. Wenn al-Baghdadi und die IS-Führung nicht bald gestoppt werden, wird ihre Popularität unter jungen Sunniten weiter steigen. Dann wiederum wären Saudi-Arabien (oder die Türkei) gezwungen, ihr eigenes Kalifat auszurufen und einen Kalifen einzusetzen. Damit hätte sich die bereits vorhandene globale sunnitische Einheit gegen al-Baghdadis Anspruch, «Kalif Ibrahim» zu sein, auch formell organisiert.

Diese brutalen Spiele gehen nur auf die unmittelbaren Symptome ein. Früher oder später werden die Leute sie durchschauen. Irgendwann kommt der Punkt, an dem sich die Welt mit einer weltanschaulichen Frage auseinandersetzen muss:

Warum kann die muslimische Kultur keine Vielfalt respektieren?

Warum können Sunniten, Schiiten, Sufis, Anhänger der Ahmadiyya, Zoroastrier, Christen, Jesiden, Atheisten und andere Menschengruppen in muslimischen Ländern nicht alle gemeinsam in Frieden leben? Warum kann nicht die Liebe die ethnischen, rassischen, sprachlichen und theologischen Trennlinien unter Muslimen überwinden? Warum kann der Islam nicht Männern und Frauen die gleiche Würde und Freiheit zubilligen?

Das Grundproblem ist die islamische Ablehnung der Trinität, der Dreieinigkeit, also der Einheit in der Vielfalt – und der damit verbundene Drang, Uniformität zu erzwingen.

Sowohl der Islam als auch das Christentum sind monotheistische Religionen. Beide bekräftigen, dass es einen und nur einen Gott gibt. Der Islam betrachtet Gottes Einheit als eine Singularität. Alle, die anderer Ansicht sind, betrachtet er als «Polytheisten» – also als «Götzendiener», die man enthaupten oder mit schweren Steuern belegen müsse, bis sie sich zu seiner Theologie bekehrten.

Die Bibel dagegen offenbart Gottes Einheit als mehrdimensional. In 1. Mose 1 erschafft Gott Himmel und Erde, und Gottes Geist schwebt über der dunklen Tiefe. Gott sagt aber auch: «Lasset *uns* Menschen machen, ein Bild, das *uns* gleich sei.» Darin spiegelt sich die Einheit einer Kernfamilie wider als dauerhafte Einheit eines Mannes und einer Frau, die dann auch Kinder aus dieser Verbindung mit einschließt. Die Familie ist eins, aber sie hat viele Mitglieder. Der Herr Jesus erschuf seine Gemeinde als Spiegelbild der Gottheit. Die Gemeinde ist eine im Hinblick auf Hautfarbe und wirtschaftliche Verhältnisse vielgestaltige Gemeinschaft, aber sie ist der eine Leib Christi. Sie wurde geschaffen, um sich zu einer göttlichen Einheit zu verbinden, zusammengefügt durch Gottes Geist der Liebe und durch sein Wort. Eine solche Einheit in Vielfalt, die die heilige Dreieinigkeit widerspiegelt, ist das biblische Geheimrezept, um aus einem Volk ein großes Volk zu machen.

Von einem Volk zu einem großen Volk

Das übernationale Kalifat ist ein islamisches Imperium, ähnlich der europäischen Christenheit vor vier, fünf Jahrhunderten. Die Bibel beschreibt in 1. Mose 11, wie Gott dem Versuch, in Babel ein heidnisches Reich zu errichten, ein Ende machte. Er verwirrte die Sprachen der Menschen und teilte sie so in verschiedene Völker auf. Wie in einem früheren Kapitel erwähnt, definiert die Bibel ein Volk als einen Stamm oder eine Gruppe von Menschen, die sich innerhalb eines festgelegten Territoriums selbst verwalten und eine eigene Sprache haben (1. Mose 10,5.20.31–32). Die Bürgerkriege im Irak, in Syrien, in der Türkei und möglicherweise in Saudi-Arabien scheinen sich auf solche ethnischen Unterteilungen zu richten.

Mit Abraham begann Gott seine Mission, «große Völker» entstehen zu lassen (1. Mose 12). Gott rief Abraham auf, ihm zu folgen, und schloss mit ihm einen Bund, um ihn zu einem großen Volk zu machen. Dieses Volk sollte ein Licht für alle Völker werden … ein Segen, um auch andere Völker groß zu machen (1. Mose 12,2–3; 18,18; 22,18 usw.).

In der Bibel besteht ein großes Volk aus unterschiedlichen Stämmen, die Ethnozentrismus und Stammesdenken überwinden, indem sie sich unter Gott durch seinen Bund in einem gemeinsamen Territorium unter einer Regierung vereinen. Zu diesem Bund gehören auch Verfassung und Gesetze, gegründet auf einer von Liebe geprägten Beziehung zu Gott und zu den Nachbarn und Nächsten.

Gott sprach: «Wenn er durch mich zum Stammvater eines

großen und mächtigen Volkes wird, dann kann ich es ihm nicht vorenthalten. Schließlich soll sogar allen Völkern der Erde durch ihn Gutes zuteil werden. Ich selbst habe ihn auserwählt; und er soll seine Nachkommen auffordern, so zu leben, wie es mir gefällt. Sie sollen das Recht achten und Gerechtigkeit üben, damit ich meine Zusage einlösen kann, die ich Abraham gegeben habe» (1. Mose 18,18–19).

Zur Zeit des Mose waren aus den zwölf Söhnen Jakobs dreizehn Stämme geworden. Mose lehrte sie das Geheimnis, wie ein großes Volk entsteht, indem er sagte:

> Ich habe euch die Gebote und Weisungen gegeben, die ich vom Herrn, meinem Gott, empfangen habe. Ihr sollt danach leben, wenn ihr in das Land kommt, das der Herr euch schenken will. Haltet euch an diese Gebote, und befolgt sie; dann werden die anderen Völker sehen, wie weise und klug ihr seid. Wenn sie von euren Gesetzen hören, werden sie sagen: «Dieses große Volk besitzt Weisheit und Verstand!» Denn kein anderes Volk, ganz gleich wie groß, hat Götter, die ihm so beistehen, wie der Herr, unser Gott, uns beisteht! Wann immer wir zu ihm rufen, hört er uns. Wo ist ein Volk, groß wie wir, das so gerechte Gebote und Weisungen hat, wie ich sie euch heute gebe?
>
> *5. Mose 4,5–8*

Das hieß: Eure Größe wird nicht auf eurer zahlenmäßigen Stärke, eurer Brutalität oder euren militärischen Leistungen beruhen. Sie wird abhängen von Gottes Gegenwart in eurer Mitte.

Gott arbeitet daran, euch zu einem großen Volk zu machen, aber ihr seid nicht in erster Linie dazu berufen, nach Größe zu streben, sondern Gott zu lieben und ihm in demütiger Unterordnung nachzufolgen. Er wird in eurer Mitte sein, wenn euer Glaube und eure Liebe durch euren Gehorsam gegenüber seinem Gesetz sichtbar werden. Ihr werdet eure Weisheit und Größe nicht hinausposaunen müssen. Eure Nachbarn werden sie sehen können, wenn euer Verhalten Gottes Weisheit widerspiegelt.

Bei der Landnahme in Kanaan teilte Josua das Land in Provinzen auf. Der Stamm Levi bekam keine Provinz; er verteilte sich als «Religionsbeauftragter» unter den anderen Stämmen und diente als der religiöse Kitt, der das Volk zusammenhielt. Die Hauptaufgabe der Leviten bestand darin, Gottes gerechtes Bundesgesetz zu studieren und zu lehren.

Israel war ein großes Volk, solange Gottes Bund das Stammesdenken überwand. Nach der Zeit König Salomos, im Jahr 930 vor Christus, gaben wirtschaftliche Ausbeutung und politische Korruption dem Stammesdenken neue Nahrung, sodass die Nation in zwei Teile zerfiel.

Aus den zehn nördlichen Stämmen wurde das Reich Israel. Die beiden südlichen Stämme wurden zum Reich Juda. Sie alle waren Kinder Abrahams, Isaaks und Jakobs. Doch Stammesbewusstsein und Ethnozentrismus verhinderten, dass sie als großes Volk vereint blieben. Politische Ungerechtigkeiten spalteten sie zu zwei Nationen, die nun zwei Territorien und zwei Regierungen hatten. Jerobeam, der erste König des israelischen Nordreichs, fürchtete, eine religiöse Einheit würde auch die politische Einheit wiederherstellen, sodass er seine Macht verlieren würde. Deshalb ließ er zwei goldene Kälber als Gottesbilder anfertigen, um für das Nordreich eine eigene Religions-Identität zu begründen (1. Könige 12,25–33).

Das Endergebnis dieser Korruption der politischen, militärischen und religiösen Macht war, dass die Kinder Abrahams aufhörten, ein großes Volk zu sein. Die beiden Reiche bekämpften einander, um sich gegenseitig zur Unterordnung und Wiedervereinigung zu zwingen. Doch mit militärischer Macht waren die Streitparteien nicht zu vereinen. Viele Propheten, darunter Jesaja, Jeremia und Habakuk, sagten Unheil und Vernichtung voraus, aber sie kündigten auch das Heil an: Jesaja prophezeite, eines Tages werde Gottes Reich der Gerechtigkeit zurückkehren. Ein Kind werde geboren werden, um zu herrschen, und es werde «Starker Gott», «Ewiger Vater» und «Friedefürst» heißen:

> Das Volk, das im Finstern lebt, sieht ein großes Licht;
> hell strahlt es auf über denen, die ohne Hoffnung sind.
> Du, Herr, machst Israel wieder zu einem großen Volk
> und schenkst ihnen überströmende Freude. […]
> Denn uns ist ein Kind geboren! Ein Sohn ist uns geschenkt!
> Er wird die Herrschaft übernehmen.
> Man nennt ihn «Wunderbarer Ratgeber», «Starker Gott»,
> «Ewiger Vater», «Friedensfürst».
> Er wird seine Herrschaft weit ausdehnen
> und dauerhaften Frieden bringen.
> Wie sein Vorfahre David herrscht er über das Reich,

festigt und stützt es,
denn er regiert bis in alle Ewigkeit
mit Recht und Gerechtigkeit.
Der Herr, der allmächtige Gott, sorgt dafür,
er verfolgt beharrlich sein Ziel.

Jesaja 9,1–6

Weder Israel noch Juda demütigten sich vor Gott, um Buße zu tun und Vergebung, Gnade und Liebe zu erlangen. Bisweilen verschwägerten sie sich oder gingen politische Allianzen ein, aber im Großen und Ganzen kultivierten sie eine Religiosität des Hasses. Militärische Gewalt reicht niemals aus, um Feinde miteinander zu versöhnen. Letzten Endes wurden dadurch beide Nationen geschwächt, bis sie in die Verbannung und Versklavung gerieten.

Zum Glück stellten sich manche der Juden über ihre nationalen Identitäten und kehrten zurück zu ihrem Retter und Gott. Propheten wie Hesekiel und Sacharja bekamen eine Vision der zukünftigen Größe: Stämme werden das Stammesdenken überwinden; sie werden sich unter einem gottgesandten Hirtenkönig vereinen und wieder ein großes Volk werden. Diese Propheten verkündeten die frohe Botschaft, dass der allmächtige Gott selbst als ein guter Hirte kommen werde, als ein dienender König. Er würde die religiösen und politischen Führer ersetzen, die zu Wölfen im Schafspelz geworden waren.

Jahrhunderte nach König David sprach Gott durch den Propheten Hesekiel zu den bedrückten Schafen und zu ihren bösen Hirten:

So spricht Gott, der Herr: «Von nun an will ich mich selbst um meine Schafe kümmern und für sie sorgen. Wie ein Hirte seine Herde zusammenbringt, die sich in alle Richtungen zerstreut hat, so werde auch ich meine Schafe wieder sammeln. Von überall her hole ich sie zurück [...] Ich selbst werde ihr Hirte sein, damit sie in Ruhe und Sicherheit leben können. Das verspreche ich, der Herr. Ich suche die verloren gegangenen Schafe und bringe alle zurück, die sich von der Herde entfernt haben. Wenn sich eines der Tiere ein Bein bricht, will ich es verbinden, und die kranken pflege ich gesund. Die fetten und starken Tiere aber lasse ich nicht aus den Augen! Denn ich bin ein Hirte, der gut und gerecht mit den Schafen umgeht. [...] Ich, der Herr, bin ein gerechter Hirte, ich richte zwischen euch starken und den schwachen Schafen. [...] Ich will meiner Herde einen einzigen Hirten geben ... wie früher mein Diener David. Ich, der Herr, werde ihr Gott sein, und der Mann, der meinem Diener David gleicht, wird ihr König sein. Darauf gebe ich mein Wort. Ich schließe einen Bund mit den Israeliten und verspreche ihnen Ruhe und Frieden. Die wilden Tiere verjage ich aus dem Land; dann können die Menschen sogar ohne Angst in der Wüste leben und in den Wäldern schlafen. ... Dann werden sie erkennen, dass ich, ihr Gott, ihnen beistehe und dass sie, die Israeliten, mein Volk sind. Mein Wort gilt!

Hesekiel 34,11–30

Der Herr Jesus sagte: «Ich bin der gute Hirte. Ein guter Hirte setzt sein Leben für die Schafe ein» (Johannes 10,11). Jesus war der göttliche Hirte, der gekommen war, um den verlorenen und unterdrückten Schafen überfließendes Leben zu bringen und so die Prophezeiungen in Hesekiel 34, Hesekiel 37 und anderswo zu erfüllen.

In ihrer Schilderung des triumphalen Einzugs Jesu in Jerusalem am Palmsonntag stellen die Schreiber der Evangelien Jesus als den göttlichen König dar, den Sacharja prophezeit hatte. Nicht auf einem Streitross an der Spitze einer Armee ritt Jesus in die Stadt des Königs David ein, sondern auf einem einfachen Eselsfohlen. In seiner Friedensverheißung an das kriegsgeplagte Jerusalem hatte Sacharja (9,9–10) gesagt:

> Freut euch, ihr Menschen auf dem Berg Zion,
> jubelt laut, ihr Einwohner von Jerusalem!
> Euer König kommt zu euch!
> Er ist gerecht und bringt euch Rettung.
> Und doch kommt er nicht stolz daher,
> sondern reitet auf einem Esel,
> ja, auf dem Fohlen einer Eselin.
> In Jerusalem und im ganzen Land beseitige ich, der Herr,
> die Streitwagen, die Kriegspferde und alle Waffen.
> Euer König stiftet Frieden unter den Völkern,
> seine Macht reicht von einem Meer zum anderen,
> vom Euphrat bis zum Ende der Erde.

Wer dem allmächtigen Gott das Recht verweigern will, auf die Erde herabzukommen und sein Friedensreich aufzurichten, der verurteilt sich selbst dazu, von arroganten Sündern beherrscht zu werden, die auf Streitrossen reiten oder in Panzern fahren.

Nach mehreren Generationen im Exil kehrten die Juden in ihr Heimatland zurück. Doch ihre «heilige Sprache», Hebräisch, sprachen sie nun nicht mehr. Deshalb schloss der Begriff des «großen Volkes» nun auch viele Sprachen und ethnische Identitäten (Stämme) ein, die gemeinsam als ein Volk unter einem Gott lebten.

Der Herr Jesus und seine Jünger sprachen wahrscheinlich Aramäisch – die Sprache des Volkes, nicht Hebräisch, die heilige Sprache ihrer Vorfahren. Die Evangelien, die Berichte über das Leben Jesu, verfassten die Jünger Jesu in der griechischen Umgangssprache.

Ein Volk wird groß, wenn es Menschen unterschiedlicher Herkunft und Sprache mit offenen Armen aufnimmt, aus freien Stücken vereint durch die Liebe zum lebendigen Gott, zu seinem Gesetz und zu den Nachbarn und Nächsten.

Die Ablehnung der Dreieinigkeit und die Konsequenzen für die Gesellschaft

Der 12. Dezember (der Geburtstag einer meiner Schwestern) wurde zu einem Meilenstein in Saudi-Arabien: 2015 durften an diesem Tag Frauen in Saudi-Arabien zum ersten Mal an Kommunalwahlen teilnehmen. Gewählt wurden Gemeinderäte, die über Angelegenheiten wie die der Müllabfuhr und der Straßenreinigung entscheiden. Dieser Schritt der Saudis hin zu mehr Rechten für die Frau ist ein Grund zum Feiern. Doch der Jubel wurde bald überschattet: Man fand das ISIS-«Handbuch» über Sexsklavinnen. Das Sondereinsatzkommando der US-Armee hatte den Wohnsitz eines hochrangigen ISIS-Kommandanten durchsucht und einen riesigen Schatz an Dokumenten beschlagnahmt. Die Fatwa 64 des Islamischen Staates lobte die Gnade Allahs dafür, dass er dem Kalifat das Recht gab, viele nichtmuslimische Frauen zu versklaven.[32]

Die Fatwa räumt ein, dass viele Dschihadisten gegen die Scharia-Vorschriften über Sexsklavinnen verstoßen haben. Die Scharia war bislang in einer so entschärften Form gelehrt worden, dass die meisten Muslime noch nie davon gehört hatten, wie sie mit Sexsklavinnen umzugehen hatten. Die IS-Fatwa erinnerte die Muslime daran, dass es einem Vater und seinem Sohn verboten ist, Geschlechtsverkehr mit derselben Sklavin zu haben. Wer eine Mutter und ihre Tochter als Sklavinnen besitzt, darf nicht mit beiden Verkehr haben. Entscheidet er sich für die Mutter, ist die Tochter für ihn tabu. Nimmt er die Tochter, ist ihm die Mutter verboten, usw.

Gemäß den koranischen Geboten gegen die «Ungläubigen» hatte der IS/ISIS/Daesh systematisch jesidische und christliche Männer und ältere Frauen umgebracht. Jüngere Frauen und Mädchen ab zwölf Jahren wurden zu Sexsklavinnen genommen. Diese Sklavinnen standen den IS-Führern zur Verfügung oder wurden an fromme Dschihadisten verteilt. Manche wurden den Kämpfern gegeben. Die übrigen wurden als

Sexsklavinnen verkauft, zuerst an Dschihadisten, dann an Händler.

Ist das Verhalten muslimischer Migranten in Europa besser? Allein im englischen Bezirk Rotherham wurden nach Berichten mindestens 1400 Schulmädchen von vorwiegend pakistanischen Muslimen für Sex «geschult», zum Schweigen gebracht und dann von Gruppen von Männern vergewaltigt.[33] In Deutschland wurden in der Silvesternacht 2015/2016 Frauen von «arabischen» und «nordafrikanischen» Migranten beraubt, sexuell belästigt und vergewaltigt.[34] Angeblich sollen sowohl in England als auch in Deutschland offizielle Stellen die sexuelle Gewalt verheimlicht haben, um nicht als «rassistisch» zu gelten und um keine «öffentlichen Spannungen» zu verursachen.

Sunnitische Gelehrte haben die vom IS/ISIS/Daesh vorgebrachte Rechtfertigung für die Versklavung jesidischer Frauen anhand des Korans infrage gestellt.[35] Die Vereinten Nationen und Menschenrechtsgruppen werfen dem Islamischen Staat wegen seiner systematischen Tötung von jesidischen und christlichen Männern und Frauen, der Versklavung und Vergewaltigung ihrer Frauen und Mädchen und der Zerstörung ihrer Häuser Völkermord vor.

Viele Muslime leben in monogamen Beziehungen. Warum kann dann der Islam nicht die Gleichberechtigung von Männern und Frauen und die Monogamie als gottgegebene Prinzipien bejahen?

Die Ablehnung der Dreieinigkeit lässt dem Islam keine metaphysische Grundlage dafür, zu bejahen, dass zwei verschiedene Geschlechter – das männliche und das weibliche –

gleichrangig sind. Es gibt darin auch keine Basis für das Leben in einer dauerhaften Liebesgemeinschaft, ohne Scheidung und ohne dass eine andere Frau die Reinheit ihrer Beziehung zerstört.

Das erste Kapitel der Bibel legte die Grundlage für die einzigartige Sicht der Ehe und die gleiche Würde von Männern und Frauen im Neuen Testament. Dort, in 1. Mose 1, wird von Gott im Plural gesprochen:

> Am Anfang schuf *Gott* Himmel und Erde. Noch war die Erde leer und ohne Leben, von Wassermassen bedeckt. Finsternis herrschte, aber über dem Wasser schwebte der *Geist* Gottes. Da *sprach* Gott: «Licht soll entstehen!», und es wurde hell.
>
> *1. Mose 1,1–3*

Diese ersten Worte der Bibel sagen uns, dass es nur einen Schöpfer gibt. Aber er agierte in drei Gestalten («dreieinig»): Gott, sein Geist und sein Wort. Später, im Buch der Sprüche, informiert die Bibel uns, dass das schöpferische Wort die Weisheit Gottes war, die schon vor der Schöpfung bei Gott war (Sprüche 3,19; 8,22–31). Das Johannesevangelium offenbart, dass das schöpferische Wort Gottes als Jesus, der Messias (Christus), Mensch wurde:

> Am Anfang war das Wort. Das Wort war bei Gott, und das Wort war Gott selbst. Von Anfang an war es bei Gott. Alles wurde durch das Wort geschaffen, und nichts

> ist ohne das Wort geworden. Von ihm kam alles Leben, und sein Leben war das Licht für alle Menschen. Es leuchtet in der Finsternis, doch die Finsternis wehrte sich gegen das Licht. [...] Der das wahre Licht ist, kam in die Welt, um für alle Menschen das Licht zu bringen. Doch obwohl er unter ihnen lebte und die Welt durch ihn geschaffen wurde, erkannten ihn die Menschen nicht. [...] Das Wort wurde Mensch und lebte unter uns. Wir selbst haben seine göttliche Herrlichkeit gesehen, wie sie Gott nur seinem einzigen Sohn gibt. In ihm sind Gottes vergebende Liebe und Treue zu uns gekommen. [...] Durch Mose gab uns Gott das Gesetz mit seinen Forderungen. Aber durch Jesus Christus schenkte er uns seine vergebende Liebe und Treue. Kein Mensch hat jemals Gott gesehen. Doch sein einziger Sohn, der in enger Gemeinschaft mit dem Vater lebt, hat uns gezeigt, wer Gott ist.
>
> *Johannes 1,1–18*

Aufgrund dieser komplexen Einheit Gottes offenbart das erste Buch Mose die Grundlage für die Gleichberechtigung der Geschlechter und für die Ehe. Der dreieinige Gott sagt:

> «Jetzt wollen wir den Menschen machen, unser Ebenbild, das uns ähnlich ist. Er soll über die ganze Erde verfügen: über die Tiere im Meer, am Himmel und auf der Erde.»
>
> So schuf Gott den Menschen als sein Ebenbild, als Mann und Frau schuf er sie.

> Er segnete sie und sprach: «Vermehrt euch, bevölkert die Erde, und nehmt sie in Besitz! Ihr sollt Macht haben über alle Tiere: über die Fische, die Vögel und alle anderen Tiere auf der Erde!»
>
> *1. Mose 1,26–28*

Als Individuum bin ich nach dem Bild Gottes erschaffen. Aber Gott ist kein Individualist. Gott befähigt mich, ihm noch ähnlicher zu werden, wenn ich mich dafür entscheide, meine Frau zu lieben und eins mit ihr zu werden. Wir beide werden dem dreieinigen Gott noch ähnlicher, wenn wir ein Baby bekommen und zur Familie werden. Eine Menschenfamilie wird zu der Charakterschule, die das Ebenbild Gottes in sündigen Menschen erneuert. Dieses Ebenbild wurde durch unseren Sündenfall beschädigt.

Der Sündenfall von Adam und Eva wird im dritten Kapitel des ersten Buches Mose geschildert. Der Ungehorsam der Menschen brachte einen Fluch über die Menschheit und über die ganze Erde. Gott wurde Unrecht getan. Was Gottes Fluch über Adam und über die Erde für unsere Ökologie, Landwirtschaft, Ernährung und andere Lebensbereiche bedeutet, habe ich in meinen Büchern wie zum Beispiel *When The New Age Gets Old: Looking for A Greater Spirituality* (IVP 1992) erörtert. Hier soll es genügen, zu paraphrasieren, was Gott zu Eva sagte, um hervorzuheben, wie sich die Beziehung zwischen Ehemann und Ehefrau durch die Sünde verändert hat. Gott sagte sinngemäß:

Ist dir klar, Eva, was du getan hast? Ich habe dir einen Liebhaber gegeben, mit dem du leben solltest. Du hast ihm geholfen, ein Sünder zu werden. Es wird nicht leicht für dich sein, mit einem sündigen Ehemann zu leben. Nachdem er nun ein Sünder geworden ist, wird dein Mann seine Macht missbrauchen. Du wirst versucht sein, deinen sündigen Ehemann zu verlassen, aber Scheidung ist keine Lösung. Damit eure Ehe so wird, wie ich es mir gedacht habe, werdet ihr beide euch verändern lassen müssen. Darum muss ich an eurer Natur arbeiten: Du wirst die Beziehungsperson werden und nach deinem Mann verlangen, auch wenn er deine emotionale Abhängigkeit von ihm missbraucht …

Ich muss dich verändern, denn obwohl es dir schwerfallen wird, mit einem Sünder verheiratet zu bleiben, bleibt die Ehe unverzichtbar, damit sich erfüllen kann, was ich mit der Menschheit vorhabe. Du sollst Kinder gebären und sie großziehen. Nur so könnt ihr euch vermehren, die Erde füllen und eure Kultur entwickeln.

Nachdem er Adam und Eva die tiefgreifenden Konsequenzen ihrer Sünde erklärt hatte, fuhr Gott fort und versprach ihnen das Heil. Er sagte, der Same der Frau, der Messias, werde der Schlange (Satan), die die Frau hinters Licht geführt hatte, den Kopf zertreten (1. Mose 3,15–16.20, frei wiedergegeben im Lichte der gesamten Bibel).

Der Messias, jener Same der Frau, kam als der zweite Adam. Er nahm die Sünde der Menschheit und ihren Fluch auf sich.

Als er ans Kreuz genagelt wurde, wurde auch der Fluch über der Ehe der Menschen daran festgenagelt. Weil Gottes Liebe zu den Sündern den Messias ans Kreuz führte, wurde sie zum Vorbild für das Heil für unsere Ehen. Aufgrund des Todes Christi konnte Gott uns dieses einzigartige Gebot geben:

> Ihr Männer, liebt eure Frauen so, wie Christus seine Gemeinde liebt, für die er sein Leben gab, damit sie ihm ganz gehört. Durch sein Wort und durch das Wasser der Taufe hat er sie von aller Schuld gereinigt. Wie eine Braut soll seine Gemeinde sein: schön und makellos, ohne Flecken, Falten oder einen anderen Fehler, weil sie allein Christus gehören soll. Darum sollen auch die Männer ihre Frauen lieben wie ihren eigenen Körper. Wer nun seine Frau liebt, der liebt sich selbst. Niemand hasst doch seinen eigenen Körper. Vielmehr hegt und pflegt er ihn. So sorgt auch Christus für seine Gemeinde; denn wir sind Glieder seines Leibes. Erinnert euch an das Wort: «Ein Mann verlässt seine Eltern und verbindet sich so eng mit seiner Frau, dass die beiden eins sind mit Leib und Seele.» Das ist ein großes Geheimnis. Ich deute dieses Wort auf die Verbindung zwischen Christus und seiner Gemeinde. Es gilt aber auch für euch: Ein Mann soll seine Frau so lieben wie sich selbst. Und die Frau soll ihren Mann achten.
>
> *Epheser 5,25–33*

Alle religiösen und säkularen Kulturen außer dem biblischen Christentum haben es Männern erlaubt, sich von schwierigen

Ehefrauen scheiden zu lassen, sich mehr als eine Frau zu nehmen oder sich Konkubinen, Geliebte oder Sexsklavinnen zu nehmen. Der ursprüngliche Islam rekrutierte Dschihadisten mit dem Versprechen, sich Sexsklavinnen nehmen zu dürfen. Männlichen *Schahids* («Märtyrern», die im Kampf sterben) garantierte er *Dschanna* (das Paradies) mit einem Harem von zweiundsiebzig Jungfrauen – aber eine weibliche *Schahid* bekam nur *einen* Mann.[36] Warum? Weil der islamische Unitarismus den Gedanken, dass verschiedene Wesen eins sein können, ablehnt. Dass auf diese Weise Frauen zu Menschen zweiter Klasse gemacht wurden, hat der muslimischen Welt einen hohen sozioökonomischen Preis abverlangt.

Der christliche (und nicht der säkulare!) Westen hat Frauen gestärkt, indem er die Männer dazu anhielt, ihre Frauen zu lieben und sich nicht von ihnen scheiden zu lassen. Durch die Treue gegenüber der Ehefrau wird die Familie zu Gottes Charakterschule. Wenn Frauen in der Ehe sicher sind, werden sie stark. Starke, freie Frauen ziehen starke Kinder auf und stärken ihre Männer, die Wirtschaft und die Gesellschaft.[37]

Wenn der Islam die Trinität ablehnt, enthält er sich selbst die metaphysische Grundlage vor, um Einheit in Vielfalt bejahen zu können. Er beraubt sich selbst der Fähigkeit, große Familien und große Völker hervorzubringen. Saudi-Arabiens Entscheidung, einen friedlichen, gewaltlos protestierenden Schiitenführer hinzurichten, zeigt, dass Sunniten, die sich an den Koran halten wollen, schiitischen Muslimen nicht die gleiche Würde, die gleichen Rechte und die gleichen Freiheiten zuerkennen können. Unter den Sunniten werden alle schiitischen Muslime, alle Ungläubigen und alle Frauen gezwungen sein, als Bürger zweiter Klasse zu leben.

Um die Intoleranz des Islam und seine Unfähigkeit, Kritik zu respektieren und sich selbst zu reformieren, zu begreifen, müssen wir seine Ablehnung des Kreuzes verstehen. Über dieses Thema ist also nun zu sprechen.

8 Kann das Kreuz den Nahen Osten heilen?

Das Symbol Saudi-Arabiens

Am 2. Januar 2016 richtete Saudi-Arabien den Schiiten Scheich Nimr al-Nimr hin. Während des Arabischen Frühlings von 2011 hatte er zu gewaltlosen Protesten für die Freiheit aufgerufen. Das Kreuz hätte den saudischen König Salman dazu inspirieren können, auf Scheich al-Nimrs Proteste zu hören und ihn einzuladen, als Regierungsberater zum Wohle der Schiiten im Land tätig zu werden. Vergebung und Versöhnung, das ist der Weg des Kreuzes.

Es ist jedoch nicht der Weg Saudi-Arabiens. Seit 1950 zeigt sein allgegenwärtiges Emblem zwei Schwertklingen in Form eines Schrägkreuzes unter einer Palme. Das Wappen des Königshauses enthält außerdem ein drittes, größeres Schwert in der Mitte, das als Symbol für das Königshaus Saud steht. Ibn Saud (1876–1953) besiegte die arabischen Stämme, eroberte die Ostregion und gründete durch die Macht seines Schwertes den modernen Staat Saudi-Arabien.

Die Muslimbruderschaft verwendet ein ähnliches Emblem aus zwei gekreuzten Schwertern unter einem Koran.

Das Schrägkreuz ist ein heraldisches Symbol in Form des diagonalen Andreaskreuzes, ähnlich dem Buchstaben X. Der Überlieferung zufolge wurde Andreas, der Jünger Jesu, an einem solchen Kreuz zum Märtyrer. Das Schrägkreuz erscheint auf vielen Flaggen, etwa auf denen von England und Schottland, wo der moderne Verfassungsstaat und die Demokratie entstanden. Der Gegensatz zwischen einem Schrägkreuz und den beiden gekreuzten Schwertern kann uns den Unterschied zwischen Schottland und Saudi-Arabien veranschaulichen.

Arthur Charles Fox-Davies bezeichnete die Heraldik als «die Kurzschrift der Geschichte». Sir Iain Moncreiffe nannte sie «die Blumenborte im Garten der Geschichte». Die Verwandlung des Schrägkreuzes, des Symbols eines unbewaffneten, sich selbst opfernden Märtyrers, zu einem Paar gekreuzter Schwerter – Werkzeugen des Mordes und des Terrors – trifft den Kern des Kultur-Konflikts zwischen dem Islam und dem Westen.

Das Schrägkreuz auf dem Flaggen Schottlands und Großbritanniens symbolisiert Gottes Weg zur Freiheit des Menschen, auch der heroischen Freiheit, die eigene Kultur, Religion und Obrigkeit zu kritisieren. Zu der Freiheit, neue Ideen zu erforschen, und der Freitheit, zu lieben und neue Beziehungen voller Vertrauen und Respekt aufzubauen. Dazu gehört auch die Versöhnung mit den Feinden. Die Botschaft des Kreuzes ist der Same des Reiches Gottes.

Die Verwandlung des Kreuzes in die Schwerter des Hauses Saud hingegen symbolisiert (unter anderem) den sunnitisch-schiitischen Konflikt und die Unterdrückung der Schiiten im heiligsten Land des Islam.

Die griechischen Demokratien hatten sich schon Jahrhunderte vor Paulus aufgelöst. Nach Europa gelangte dieser über Mazedonien – das Land, von dem aus Alexander der Große seine Eroberungszüge gestartet und sein Reich aufgebaut hat. Dorthin pflanzte Paulus den Samen des Himmelreiches. Er nannte «diese Botschaft vom Kreuz die ganze Macht Gottes» (1. Korinther 1,18).

Paulus war auf dem Weg nach Rom, der brutalsten Stadt der Welt. Der römische Kaiser Nero verbrannte Christen bei lebendigem Leibe als Fackeln für seine Gärten. Rom besaß eine hoch entwickelte Kunst, wunderbare Architektur, großartige Literatur und eine mächtige Armee. Doch Paulus ignorierte diese attraktiven Verzierungen einer bestialischen Kultur. Als sein einziges Ehrenzeichen machte er sich das schlimmste Symbol der Erniedrigung zueigen, das Rom kannte – das Kreuz.

Das Kreuz stand für Roms extreme Brutalität, viel schlimmer als die Enthauptungen des Islamischen Staates. Rom benutzte das Kreuz, um die Welt zu terrorisieren. Es war sein Mittel, um Menschen zu unterwerfen und Sklaven zu kontrollieren. Das Römische Reich kreuzigte Jesus, um den Christus, den Messias der Juden, zu demütigen, zu verspotten und ihn in seiner Machtlosigkeit bloßzustellen. Doch Jesus wählte das Kreuz, die stärkste Waffe des römischen Terrors, freiwillig und machte es zu seiner geistlichen Waffe, um Satans Reich zu besiegen. Paulus erkannte die Macht des Kreuzes und folgte Christus nach.

Jeder wusste, dass die Römer militärische Macht respektierten. Doch die Mission des Paulus in Europa lief dem diametral entgegen. Er war entschlossen, eine andere Macht zu verkünden und nach ihr zu leben – den Weg des Kreuzes. Er schrieb: «Die Juden wollen Wunder sehen, und die Griechen suchen nach Weisheit. Wir aber sagen den Menschen, dass Christus am Kreuz für uns sterben musste, … dass sich gerade in diesem gekreuzigten Christus Gottes Kraft und Gottes Weisheit zeigen. Was Gott getan hat, übersteigt alle menschliche Weisheit, auch wenn es unsinnig erscheint; und was bei ihm wie Schwäche aussieht, übertrifft alle menschliche Stärke» (1. Korinther 1,22–25).

Das Kreuz: Die Macht der Liebe

Die Juden hassten die Römer – es ist nur natürlich, dass man Terroristen hasst. Es erfordert übernatürliche Stärke, diejenigen zu lieben, die einen ans Kreuz nageln. Von Natur aus betet niemand: «Vater, vergib ihnen, denn sie wissen nicht, was sie tun» (Lukas 23,34).

Caesar agierte auf bestialische Weise, aber er nannte sich Herr. Das Kreuz war seine Waffe, um diejenigen zu terrorisieren, die sich seiner Herrschaft verweigerten. Heute terrorisiert dieser «Geist des Hasses» diejenigen, die er für die Feinde seines Herrn hält. Dieser Geist zerstört den Nahen Osten.

Der Herr Jesus war ein Revolutionär von ganz anderer Art: Er kehrte die Bedeutung des Kreuzes um. Er verwandelte es in das Symbol der aufopfernden Liebe Gottes zu seinen sündigen und rebellischen Feinden (Römer 5,10). Der Herr Jesus wählte sich das Kreuz, nicht das Schwert, als Emblem, weil er als Kanal der unglaublichen Liebe Gottes zu den Sündern gekommen war. Er offenbarte: «Denn Gott hat die Menschen so sehr geliebt, dass er seinen einzigen Sohn für sie hergab. Jeder, der an ihn glaubt, wird nicht zugrunde gehen, sondern das ewige Leben haben» (Johannes 3,16).

Das Kreuz und die Auferstehung befähigten die Anhänger Christi, die Furcht vor dem Tod abzulegen und das Kreuz des Tyrannen zu ihrer Liebeswaffe zu machen. Es wurde zum Beweis dafür, dass Gottes Geist der aufopfernden Liebe stärker ist als der diabolische Geist des Hasses.

Der säkulare Westen antwortete auf die Bomben der Terroristen mit noch verheerenderen Bomben. Damit geriet der Westen in einen Teufelskreis der Gewalt und spielte so der islamistischen Strategie, den Hass zwischen Muslimen und Nichtmuslimen zu nähren, in die Hände. Dagegen war es das Kreuz, mit dem Paulus ins grausame Rom kam.

Wenn ein Terrorist in einem Einkaufszentrum auf Passanten schießt, kann es sein, dass das Sicherheitspersonal ihn erschießen muss, um das Massaker zu beenden. Das ist nur eine realistische Reaktion auf den Wahnsinn, der durch die Sünde in unserer zerbrochenen Welt herrscht. Doch die jüngere Geschichte wäre radikal anders verlaufen, hätten sich Präsident Carter und sein Sicherheitsberater Brzezinski mit Osama Bin Laden zusammengetan, um afghanische Flüchtlinge dazu auszurüsten, als Kreuzträger in ihr strauchelndes sozialistisches Land zurückzukehren – als Leute, die ihr Land aufbauen wollen und bereit sind, um der Liebe willen zu Märtyrern zu werden.

Das Kreuz: Die Macht der Wahrheit

Auf der Welt leben ungefähr 1,6 Milliarden Muslime und nur 14 Millionen Juden. Dennoch haben seit 1901 nur drei Muslime den Nobelpreis für Naturwissenschaften errungen, aber 140 Juden. Solche unangenehmen Fakten veranlassten Dr. Rima Khalaf dazu, nachzuforschen, welche Faktoren den intellektuellen Fortschritt in der muslimischen Welt behindern.

Dr. Khalaf war Direktorin des UNO-Entwicklungsprogramms im arabischen Regionalbüro der Vereinten Nationen. Sie leitete ein ausschließlich arabisches Team, das die Unterentwicklung in zweiundzwanzig arabischen Ländern studierte. Der Bericht, den sie 2002 der UNO vorlegte, schlug ein wie eine Bombe. Ihr Team aus muslimischen Wissenschaftlern hatte herausgefunden, dass die arabische Welt im letzten Jahrtausend nur so viele Bücher veröffentlicht hatte, wie in Spanien zurzeit pro Jahr erscheinen!

Die Schuld an der intellektuellen Lähmung der arabischen Welt gab dieser UNO-Bericht Faktoren wie mangelnder politischer Freiheit, der Unterdrückung der Frau sowie der Abschottung von der Welt und von neuen Ideen.

Der Frage, warum der Islam es nicht vermochte, individuelle, soziale, intellektuelle und politische Freiheiten einzuführen und zu bewahren, ging der Bericht nicht nach. Er fragte auch nicht nach dem Geheimnis hinter dem befreienden Interesse des Westens an der Erforschung der Wahrheit. Der Herr Jesus sagte, dass die Wahrheit uns frei machen werde (Johannes 8,32). Leider macht das islamische Verständnis von Offenbarung es Muslimen unmöglich, die Wahrheit über das Schwert zu stellen, die Feder mächtiger sein zu lassen als das Schwert – also die Wahrheit zur höchsten Autorität in ihren Kulturen zu machen.

Das Emblem der Muslimbruderschaft ist das Gegenteil des Mottos der Harvard-Universität, VERITAS (lateinisch: Wahrheit). Deshalb verbietet der Islam die freie Forschung. Er setzt die Autorität des Korans mit dem Schwert durch. Dagegen hat die Harvard-Universität mit ihrem Streben nach Wahrheit mehr Nobelpreisträger hervorgebracht als irgendeine andere Institution der Welt.

Die säkulare Postmoderne lehnt Wahrheit ab, weil sie ein theologischer Begriff ist. Der englische Ausdruck «Gospel Truth» («so wahr wie das Evangelium») ist einzigartig. Denn das Evangelium von Jesus Christus ist weder eine Philosophie im griechischen Sinne noch eine Geschichte im mythologischen Sinn wie bei Jung, Campbell oder im Hinduismus. Es ist keine «Offenbarung», wie sie der Prophet Mohammed empfangen zu haben behauptete. Die Gute Nachricht ist ein Augenzeugenbericht derjenigen, die miterlebt haben, wie der Herr Jesus Christus verhaftet, verurteilt, gekreuzigt, begraben und auferweckt wurde. Der Apostel Johannes betonte, sein Evangelium sei keine Geschichte oder religiöse Philosophie, sondern ein Augenzeugenbericht:

> «Wir haben es selbst gehört. Ja, wir haben es sogar mit unseren eigenen Augen gesehen und mit unseren Händen berührt. Dieses Leben hat sich uns gezeigt. Wir haben es gesehen und können es bezeugen. Deshalb ver-

künden wir die Botschaft vom ewigen Leben. Es ist von Gott, dem Vater, gekommen, und er hat es uns gezeigt. Was wir nun selbst gesehen und gehört haben, das geben wir euch weiter.»

1. Johannes 1,1–3

Auch der Apostel Petrus bekräftigte, das Evangelium, das sie verkündigten, sei die reine Wahrheit. Es sei weder eine persönliche Offenbarung an einen Einzelnen noch eine Geschichte, die irgendjemand sich ausgedacht habe:

«Wir haben doch keine schönen Märchen erzählt, als wir euch von der Macht unseres Herrn Jesus Christus und von seinem Erscheinen berichteten. Mit unseren eigenen Augen haben wir ihn in seiner ganzen Größe und Herrlichkeit ja selbst schon gesehen. Gott, der Vater, hat ihm diese Ehre und Macht gegeben. Als Jesus mit uns auf dem Berg war, haben wir selber die Stimme des höchsten Gottes vom Himmel gehört: ‹Das ist mein geliebter Sohn, an dem ich meine Freude habe.›»

2. Petrus 1,16–18

Paulus stimmte ebenfalls zu, die Gute Nachricht von Jesus sei ein wahres Zeugnis aus dem Mund vieler Augenzeugen:

«Zuerst habe ich euch weitergegeben, was ich selbst empfangen habe: Christus ist für unsere Sünden gestorben. Das ist das Wichtigste, und so steht es schon in der Heiligen Schrift. Er wurde begraben und am dritten Tag vom Tod auferweckt, wie es in der Heiligen Schrift vorausgesagt ist. Er hat sich zuerst Petrus gezeigt und später allen zwölf Jüngern. Dann haben ihn mehr als fünfhundert Brüder zur gleichen Zeit gesehen, von denen die meisten noch heute leben; einige sind inzwischen gestorben. Später ist er Jakobus und schließlich allen Aposteln erschienen. Zuletzt hat er sich auch mir gezeigt, der ich es am wenigsten verdient hatte.»

1. Korinther 15,3–8

Der amerikanische Präsident George W. Bush hat in Harvard studiert. Doch in Harvard wird heute nicht mehr gelehrt, dass der biblische Wahrheitsgedanke (*veritas*) die Grundlage der Freiheit Amerikas ist. Das postmoderne Harvard hat Präsident Bush und seine neo-konservativen Ratgeber zu dem irrigen Gedanken verleitet, sie könnten Freiheit dadurch schaffen, dass sie den irakischen Diktator durch eine demokratische Verfassung ersetzen.

Die Bibel gebraucht verschiedene Bilder, um komplexe Kulturen der Freiheit und der Sklaverei zu beschreiben. Eine dieser Bilderwelten spricht von zwei Reichen, dem Reich Gottes und dem Reich des Teufels (Matthäus 4). Eine andere spricht von Licht und Finsternis (Johannes 1; Kolosser 1,13). Gottes Reich ist auf Wahrheit gegründet, das andere ist ein Reich der Finsternis und der Täuschung (Johannes 18,36–37; Offenbarung 20,3.8).

Der Herr Jesus sei «Gnade und Wahrheit», erklärte Johannes

(Johannes 1,17). Der Prozess gegen Jesus veranschaulicht sehr gut, warum Freiheit von der Wahrheit abhängt, nicht von demokratischen Wahlen.

Während des Prozesses gegen Jesus fragte ihn der römische Gouverneur Pilatus: «Bist du der König der Juden?» Jesus erwiderte ihm, er sei ein König, aber sein Königreich sei nicht wie das des Pilatus: Er sei das Oberhaupt von Gottes Reich der Wahrheit. Dieses Verhör überzeugte Pilatus davon, dass Jesus nicht schuldig sei. Er verkündete öffentlich sein Urteil: «Nicht schuldig.»

Dennoch glaubte Pilatus, es stehe tatsächlich ganz in seiner Macht, den Unschuldigen zu kreuzigen oder den Schuldigen freizulassen. Rom hatte ihm nicht die «selbstverständliche Wahrheit» mit auf den Weg gegeben, dass Christus ein unveräußerliches Recht auf Leben und Freiheit hatte. Roms bestialisches Reich gab Gouverneuren die Vollmacht, kraft diabolischer Willkür die Wahrheit zu ignorieren und um des lieben Friedens willen den Unschuldigen zu kreuzigen:

> Da fragte ihn Pilatus: «Dann bist du also doch ein König?»
> Jesus antwortete: «Ja, du hast recht. Ich bin ein König. Und dazu bin ich Mensch geworden und in diese Welt gekommen, um ihr die Wahrheit zu bezeugen. Wer bereit ist, auf die Wahrheit zu hören, der hört auf mich.»
> «Wahrheit? Was ist das überhaupt?», erwiderte Pilatus. Dann ging er zu den Juden hinaus und sagte ihnen: «Meiner Meinung nach ist der Mann unschuldig. [...]» Aber kaum hatten die Hohenpriester und die Tempeldiener Jesus

erblickt, fingen sie an zu schreien: «Ans Kreuz! Ans Kreuz mit ihm!» […] Als Pilatus das hörte, bekam er noch mehr Angst. Er ging wieder in den Palast zurück und fragte Jesus: «Woher kommst du?» Doch Jesus antwortete nichts. «Redest du nicht mehr mit mir?», fragte Pilatus. «Hast du vergessen, dass es in meiner Macht steht, dich freizugeben oder dich ans Kreuz nageln zu lassen?» […] Da versuchte Pilatus noch einmal, Jesus freizulassen. Aber die Juden schrien: «Wenn du den laufen lässt, bist du kein Freund des Kaisers; denn wer sich selbst zum König macht, lehnt sich gegen den Kaiser auf.» […] Da gab Pilatus nach und befahl, Jesus zu kreuzigen.

Johannes 18,33–19,16

Nicht die Demokratie hat den Westen frei gemacht. Das Kreuz hat das getan. Denn das Kreuz ist keine Ideologie, keine Philosophie und kein Mythos – nein, es ist die Wahrheit über das, was sich tatsächlich ereignet hat. Die Wahrheit des Evangeliums verlangt, dass Richter sich der Autorität der Wahrheit unterordnen. Die Kreuzigung eines Unschuldigen ist ein Verstoß gegen die offenbarte Wahrheit unseres gottgegebenen Rechtes auf Leben.

Das Recht auf Leben ist in der muslimischen Kultur nie selbstverständlich gewesen, weil man es weder in der Natur beobachten noch logisch herleiten kann. Dieses Recht wurde von demjenigen eingesetzt, der das Gebot erließ: «Du sollst nicht töten.» Unser Leben ist Gottes Geschenk an uns; deshalb hat niemand das Recht, es uns zu nehmen (2. Mose 20,13).

Die Zehn Gebote waren keine geheime Offenbarung an einen Propheten. Das Volk akzeptierte sie nicht deshalb, weil Mose ein Schwert gehabt hätte, um seine Geschichte oder sein Scharia-Gesetz durchzusetzen, sondern weil es in Ägypten und am Roten Meer Gottes Macht und am Sinai seine Gegenwart gesehen und gehört hatte, wie er das Gesetz erließ. Die Steintafeln, die er mit seinem Finger beschriftet hatte, bekräftigten nur die von Gott offenbarte Wahrheit.

Das Kreuz: Die Macht der Gerechtigkeit und Vergebung

Indem er Christus kreuzigte, der nicht schuldig war, verstieß der römische Richter nicht etwa gegen das römische Recht. Er demonstrierte lediglich dessen Ungerechtigkeit. Er zeigte seine Macht, einen Unschuldigen zu kreuzigen, *nachdem* er Jesus für schuldlos erklärt hatte. Insofern wäre es für Europa unmöglich gewesen, das Kreuz als sein Emblem und seine Weltanschauung anzunehmen und gleichzeitig an seiner traditionellen Brutalität festzuhalten.

Das Kreuz veränderte die westliche Justiz in vieler Hinsicht: *Erstens* eignete sich der Westen das Prinzip an, dass es besser ist, einen Kriminellen bis zum Jüngsten Tag leben zu lassen, als das Risiko einzugehen, einen Unschuldigen zu töten, dessen Schuld nicht über jeden vernünftigen Zweifel hinaus bewiesen ist. *Zweitens* hat auch an dem Punkt, wo eine Schuld bewiesen ist, die eine Todesstrafe rechtfertigen würde, das Oberhaupt einer zivilisierten christlichen Regierung eine gottgleiche Macht, den Delinquenten zu begnadigen. Das Staatsoberhaupt hat nicht die Macht, einen Unschuldigen zu töten, aber es hat die Macht, einem Schuldigen zu vergeben.

Indem der Islam das Kreuz Jesu durch das Schwert ersetzte, hat er sich selbst geschadet. Dadurch wird es sehr schwer, Gerechtigkeit und Barmherzigkeit miteinander zu versöhnen. Der heutige «Kampf der Kulturen» zeigt, dass das Schwert des Islam eine Kultur der Brutalität hervorgebracht hat, während das Kreuz Christi eine Kultur der Gnade schuf. Das Blut Jesu Christi, das am Kreuz auf Golgata vergossen wurde, verwandelte das römische Terrorsymbol in ein Symbol von Gottes Vergebung für Sünder. Das Kreuz lädt Sünder ein, umzukehren und ihren liebenden himmlischen Vater um Vergebung ihrer Sünden zu bitten.

Selbst für den grausamsten Terroristen gibt es Hoffnung, weil der Herr Jesus Christus das Lamm Gottes wurde, das für unsere Sünden geopfert wurde. Er ist der Retter, der Sünden vergibt und aus Sündern Heilige macht.

Man könnte fragen: «Schert sich Jesus denn nicht um Gottes absolute moralische Forderungen?»

Doch, natürlich! Das Moralgesetz ist ja sein Gesetz. Als die zweite Person der göttlichen Dreieinigkeit ist er der Gesetzgeber. Er ist auch der Richter. Sogar der Koran bestätigt, dass Jesus wiederkommen wird, um die Lebenden und die Toten zu richten.

Doch ein grundlegender Unterschied zwischen dem Islam und dem Christentum ist, dass Gott zwar sein Gesetz wichtig nimmt, der Gesetzesbrecher ihm aber noch wichtiger ist. Das

Gesetz ist sein Gebot. Der Gesetzesbrecher ist sein Kind, geschaffen nach dem Ebenbild Gottes. Deshalb nahm Jesus unsere handfeste moralische Schuld auf sich. Als Sünder hatten wir Strafe verdient, doch der Prophet Jesaja sagte das große Geheimnis voraus:

> Dabei war es unsere Krankheit, die er auf sich nahm;
> er erlitt die Schmerzen, die wir hätten ertragen müssen.
> Wir aber dachten,
> diese Leiden seien Gottes gerechte Strafe für ihn.
> Wir glaubten, dass Gott ihn schlug und leiden ließ,
> weil er es verdient hatte.
> Doch er wurde blutig geschlagen,
> weil wir Gott die Treue gebrochen hatten;
> wegen unserer Sünden wurde er durchbohrt.
> Er wurde für uns bestraft –
> und wir? Wir haben nun Frieden mit Gott!
> Durch seine Wunden sind wir geheilt.
> Wir alle irrten umher wie Schafe,
> die sich verlaufen haben;
> jeder ging seinen eigenen Weg.
> Der Herr aber lud alle unsere Schuld auf ihn.
> Er wurde misshandelt,
> aber er duldete es ohne ein Wort.
> Er war stumm wie ein Lamm,
> das man zur Schlachtung führt.
> Und wie ein Schaf, das sich nicht wehrt,
> wenn es geschoren wird,

hat er alles widerspruchslos ertragen.
Man hörte von ihm keine Klage.
Er wurde verhaftet,
zum Tode verurteilt und grausam hingerichtet.
Niemand glaubte,
dass er noch eine Zukunft haben würde.
Man hat sein Leben auf dieser Erde ausgelöscht.
Wegen der Sünden meines Volkes
wurde er zu Tode gequält!
Man begrub ihn bei Gottlosen,
im Grab eines reichen Mannes,
obwohl er sein Leben lang kein Unrecht getan hatte.
Nie kam ein betrügerisches Wort über seine Lippen.
Doch es war der Wille des Herrn:
Er musste leiden und blutig geschlagen werden.
Wenn er mit seinem Leben
für die Schuld der anderen bezahlt hat,
wird er Nachkommen haben.
Er wird weiterleben und den Plan des Herrn ausführen.
Wenn er dieses schwere Leid durchgestanden hat,
sieht er wieder das Licht
und wird für sein Leiden belohnt.
Der Herr sagt: «Mein Bote kennt meinen Willen,
er ist schuldlos und gerecht.
Aber er lässt sich für die Sünden vieler bestrafen,
um sie von ihrer Schuld zu befreien.»

Jesaja 53,4–11

Das Kreuz: Die Macht der Versöhnung

Rom benutzte das Kreuz, um seine Untertanen zu unterdrücken; aber der Herr Jesus verwandelte es in ein Symbol für unsere Versöhnung mit Gott und miteinander.

Die Vereinten Nationen und die USA nutzten all ihre Ressourcen, um den mächtigsten sunnitischen und den mächtigsten schiitischen Staat, Saudi-Arabien und den Iran, miteinander zu versöhnen. Für Januar 2016 waren Friedensgespräche anberaumt, um ihren Stellvertreterkrieg im Jemen zu beenden. Fast dreitausend Zivilisten sind bisher in diesem von den beiden Rivalen geschürten Bürgerkrieg ums Leben gekommen.

Die althergebrachte Rivalität zwischen diesen beiden muslimischen Mächten spielt eine gewaltige Rolle bei den Konflikten im Irak, in Syrien, im Libanon, den Palästinensergebieten und in Israel.

Heute, während ich dies schreibe, hat das Schwert Saudi-Arabiens durch die Hinrichtung Scheich Nimr al-Nimrs diese Friedensgespräche zum Entgleisen gebracht. Die Regierungen der beiden muslimischen Länder wollen sich nicht mehr zusammensetzen, um über Frieden zu sprechen. Stattdessen schmieden ihre Generäle Pläne, um gegeneinander Kriege zu führen und sie zu gewinnen.

Der Herr Jesus forderte seine Anhänger auf, ihr Kreuz auf sich zu nehmen – und nicht das Schwert in die Hand. Er lehrte sie, zu vergeben, so wie Gott ihnen vergeben hatte. Der Herr lehrte sie zu beten: «Vergib uns unsere Schuld, wie auch wir vergeben unseren Schuldigern.» Jesus sagte zu seinen Jüngern:

«Euer Vater im Himmel wird euch vergeben, wenn ihr den Menschen vergebt, die euch Unrecht getan haben. Wenn ihr ihnen aber nicht vergeben wollt, dann wird Gott auch eure Schuld nicht vergeben» (Matthäus 6,14–15).

Jeder Sünder, auf den das Gericht wartet, möchte gern, dass ihm vergeben wird, aber denen zu vergeben, die gegen uns sündigen, ist eine andere Sache. Jesu Lehre – das Reich Gottes sei ein Reich der Gnade, und um Gnade zu empfangen, müssten wir die Kinder unseres Vaters sein und uns gnädig erweisen –, machte Petrus sehr zu schaffen. Einer der Jünger Jesu, Matthäus, berichtet:

> Da fragte Petrus: «Herr, wie oft muss ich meinem Bruder vergeben, wenn er mir Unrecht tut? Ist siebenmal denn nicht genug?»
>
> «Nein», antwortete Jesus. «Nicht nur siebenmal, sondern siebzig mal siebenmal.
>
> Man kann die neue Welt Gottes mit einem König vergleichen, der mit seinen Verwaltern abrechnen wollte. Zu ihnen gehörte ein Mann, der ihm einen Millionenbetrag schuldete. Aber er konnte diese Schuld nicht bezahlen. Deshalb wollte der König ihn, seine Frau, seine Kinder und seinen gesamten Besitz verkaufen lassen, um wenigstens einen Teil seines Geldes zu bekommen.
>
> Doch der Mann fiel vor dem König nieder und flehte ihn an: ‹Herr, hab noch etwas Geduld! Ich will ja alles bezahlen.› Da hatte der König Mitleid. Er gab ihn frei und erließ ihm seine Schulden.

Kaum war der Mann frei, ging er zu einem der anderen Verwalter, der ihm einen kleinen Betrag schuldete, packte ihn, würgte ihn und schrie: ‹Bezahl jetzt endlich deine Schulden!›

Da fiel der andere vor ihm nieder und bettelte: ‹Hab noch etwas Geduld! Ich will ja alles bezahlen.›

Aber der Verwalter wollte nicht warten und ließ ihn ins Gefängnis werfen, bis er alles bezahlt hätte. Als nun die anderen sahen, was sich da ereignet hatte, waren sie empört und berichteten es dem König.

Da ließ der König den Verwalter zu sich kommen und sagte: ‹Was bist du doch für ein hartherziger Mensch! Deine ganze Schuld habe ich dir erlassen, weil du mich darum gebeten hast. Hättest du da nicht auch mit meinem anderen Verwalter Erbarmen haben können, so wie ich mit dir?› Zornig übergab er ihn den Folterknechten. Sie sollten ihn erst dann wieder freilassen, wenn er alle seine Schulden zurückgezahlt hätte.

Auf die gleiche Art wird mein Vater im Himmel euch behandeln, wenn ihr euch weigert, eurem Bruder wirklich zu vergeben.»

Matthäus 18,21–35

Das saudische Reich des Schwertes hatte nicht die geistliche Kraft, Scheich al-Nimr zu begnadigen und mit ihm gemeinsam ein friedliches Saudi-Arabien aufzubauen. Mehr, als auf die Kriegsparteien Druck auszuüben, damit sie sich in einem Raum zusammensetzen, können auch die Vereinten Nationen nicht tun. Aber die UNO hat wenig Möglichkeiten, wie sie den Iran davon überzeugen könnte, das Feuer des Bürgerkriegs im östlichen Saudi-Arabien nicht zu schüren. Es gibt viele, die ein Interesse daran haben, die künstliche und erzwungene Einheit Saudi-Arabiens aufzubrechen. Das Schwert taugt nicht dazu, Wunden zu heilen, die seit vierzehn Jahrhunderten schwären. Um dieses Schisma zu heilen, bedarf es einer höheren Macht – der versöhnenden Kraft des Kreuzes.

Die Juden zur Zeit Jesu waren vermutlich nicht viel anders als die heutigen Sunniten, die Schiiten als Muslime zweiter Klasse betrachten. Die Juden verachteten die Heiden, so wie auch heute noch viele Hindus aus den oberen Kasten die unteren Kasten als «Unberührbare» behandeln. Doch das Kreuz Jesu Christi versöhnte verfeindete Gruppen miteinander. Der Apostel Paulus erinnerte die nichtjüdischen europäischen Gläubigen daran, dass das Kreuz Christi sie bereits befreit hatte. Die Juden hatten sie «Unbeschnittene» genannt, abgeschnitten von der Gnade Gottes, ausgeschlossen vom Bürgerrecht:

> Ohne jede Hoffnung und ohne Gott habt ihr in dieser Welt gelebt. Aber weil Jesus Christus am Kreuz sein Blut vergossen hat, gehört ihr jetzt zu ihm. Ihr seid ihm jetzt nahe, obwohl ihr vorher so weit von ihm entfernt lebtet. Durch Christus haben wir Frieden. Er hat Juden und Nichtjuden in seiner Gemeinde vereint und die Mauer zwischen ihnen niedergerissen. Durch sein Sterben hat er das jüdische Gesetz mit all seinen Geboten und Forderungen endgültig außer Kraft gesetzt. Durch Christus leben wir nicht länger

voneinander getrennt, der eine als Jude, der andere als Nichtjude. Als Christen sind wir eins. So hat er zwischen uns Frieden gestiftet. Christus ist für alle Menschen am Kreuz gestorben, damit wir alle Frieden mit Gott haben. In seinem neuen Leib, der Gemeinde Christi, können wir nun als Versöhnte miteinander leben. Christus ist gekommen und hat seine Friedensbotschaft allen gebracht: euch, die ihr fern von Gott lebtet, und allen, die nahe bei ihm waren. Durch Christus dürfen jetzt alle, Juden wie Nichtjuden, vereint in einem Geist, zu Gott, dem Vater, kommen.

So seid ihr nicht länger Fremde und Heimatlose; ihr gehört jetzt als Bürger zum Volk Gottes, ja sogar zu seiner Familie. Als Gemeinde Jesu Christi steht ihr auf dem Fundament der Apostel und Propheten. Doch der Stein, der dieses Gebäude trägt und zusammenhält, ist Jesus Christus selbst. Durch ihn sind die Bauteile untereinander fest verbunden und wachsen zu einem Tempel des Herrn heran. Weil ihr zu Christus gehört, seid auch ihr ein Teil dieses Baus, in dem Gottes Geist wohnt.

Epheser 2,12–22

Muslime wandern in den Westen, weil sie dort Frieden, Wohlstand und größere Akzeptanz finden als in ihren eigenen Ländern, unter muslimischen Glaubensbrüdern unterschiedlicher Glaubensgemeinschaften, Volkszugehörigkeit und Sprache. Das Kreuz ist der Grund für diesen Unterschied zwischen dem Islam und dem Westen. Muslimische Einwanderer werden ihre Zwietracht mitbringen und im

Westen einpflanzen, wenn sie nicht die Gnade finden, das Schwert des Islam gegen das versöhnende Kreuz Jesu Christi einzutauschen.

Das Kreuz: Die Macht des Glaubens

Als die Hohenpriester eine Schar von Leuten losschickten, um Jesus im Garten Gethsemane festzunehmen, griff einer seiner Jünger, Petrus, zum Schwert. Er schlug einem der Diener des Hohenpriesters das Ohr ab. Der Herr wies Petrus deswegen zurecht und stellte das Ohr des Dieners mit einer Berührung voll Liebe und Macht wieder her. Der Herr hatte eine höhere Macht. Er akzeptierte die Verhaftung, den Scheinprozess, die Demütigung, die Folter, den Tod – das Kreuz –, weil seine Kraft daher kam, dass er seinen Vater kannte. Er demonstrierte seinen Jüngern, dass der Glaube der Sieg ist, der die Welt überwindet (1. Johannes 5,4).

Die meisten Säkularisten denken, der Unterschied zwischen dem Westen und dem Islam läge in der Demokratie. Ihnen fehlt das weltanschauliche Rüstzeug, um zu verstehen, dass der grundlegende Unterschied in der Verschiedenheit der beiden Glaubensrichtungen liegt. Der Islam lehnt das Kreuz ab, weil er den Glauben nicht zu schätzen weiß, der die Kraft hat, statt des Schwertes das Kreuz auf sich zu nehmen.

Das moderne Amerika entstand aus den geistlichen Erneuerungsbewegungen, die wir als die Erste und die Zweite große Erweckung kennen. Jonathan Edwards, der Pionier unter den

Erweckungspredigern, war Amerikas erster Philosoph. George Whitefield, der nach ihm den größten Einfluss als Prediger hatte, wird auch der «erste Amerikaner» genannt, weil er die erste öffentlich bekannte Persönlichkeit war, die alle dreizehn Kolonien bereiste, um dort zu predigen.

Amerika erwachte zu einem geistlichen Leben, das ganz anders war als der Islam, weil Edwards vom Apostel Petrus her den Glauben verstand, der Jesus befähigte, das ungerechte Leiden des Kreuzes auf sich zu nehmen.

Der Apostel Petrus predigte das Kreuz. Die Saat, die er ausstreute, trug Früchte, die ihn selbst zum Staunen brachten. Echter Glaube befähigte die neuen Jünger, sich sogar über ihre Verfolgung zu freuen. Als er sah, wie sie auf Ungerechtigkeit reagierten, schrieb Petrus:

> Gelobt sei Gott, der Vater unseres Herrn Jesus Christus! In seinem grenzenlosen Erbarmen hat er uns neues Leben geschenkt. Weil Jesus Christus von den Toten auferstanden ist, haben wir die Hoffnung auf ein neues, ewiges Leben. Es ist die Hoffnung auf ein ewiges, von keiner Sünde beschmutztes und unzerstörbares Erbe, das Gott im Himmel für euch bereithält. Bis dahin wird euch Gott durch seine Kraft bewahren, weil ihr ihm vertraut. Aber dann, am Ende der Zeit, werdet ihr selbst sehen, wie herrlich das unvergängliche Leben ist, das Gott schon jetzt für euch bereithält. Darüber freut ihr euch von ganzem Herzen, auch wenn ihr jetzt noch für eine kurze Zeit auf manche Proben gestellt werdet und viel

> erleiden müsst. So wird sich euer Glaube bewähren und sich wertvoller und beständiger erweisen als pures Gold, das im Feuer vollkommen gereinigt wurde. Lob, Preis und Ehre werdet ihr dann an dem Tag empfangen, an dem Christus für alle sichtbar kommt. Ihr habt ihn nie gesehen und liebt ihn doch. Ihr glaubt an ihn, obwohl ihr ihn auch jetzt nicht sehen könnt, und eure Freude ist grenzenlos, denn ihr kennt das Ziel eures Glaubens: die Rettung für alle Ewigkeit.
>
> *1. Petrus 1,3–9*

Woher kam diese «grenzenlose Freude» bei den Anhängern Christi, die Opfer ungerechter Verfolgung waren? Petrus erklärte, was es mit dem Kreuz auf sich hatte:

> Erträgt aber jemand Leid, obwohl er nur Gutes getan hat, dann ist das ein Geschenk Gottes. Dazu hat euch Gott berufen. Denn auch Christus hat für euch gelitten, und er hat euch ein Beispiel gegeben, dem ihr folgen sollt. Er hat keine Sünde getan; keine Lüge ist je über seine Lippen gekommen.
>
> Beschimpfungen ertrug er ohne Widerspruch, gegen Misshandlungen wehrte er sich nicht; lieber vertraute er sein Leben Gott an, der ein gerechter Richter ist. Christus hat unsere Sünden auf sich genommen und sie selbst zum Kreuz hinaufgetragen. Das bedeutet, dass wir für die Sünde tot sind und jetzt leben können, wie es Gott gefällt. Durch seine Wunden hat Christus uns geheilt. Früher seid ihr he-

> rumgeirrt wie Schafe, die sich verlaufen hatten. Aber jetzt habt ihr zu eurem Hirten zurückgefunden, zu Christus, der euch auf den rechten Weg führt und schützt.
>
> *1. Petrus 2,20–25*

In seinem wegweisenden Buch *A Treatise Concerning Religious Affections* («Eine Untersuchung über religiöse Gefühle», 1746) erläuterte Jonathan Edwards wahre Spiritualität und ihre Weltanschauung, wie sie in den Petrusbriefen beschrieben sind. Das geistliche Leben ist kein Leben des Dschihad, gerüstet mit den besten verfügbaren Waffen. Es ist ein Leben der Liebe und Selbstaufopferung, gelebt in der Kraft des übernatürlichen Geistes Gottes.

Der große Erweckungsprediger John Wesley veröffentlichte in England eine gekürzte Version von Edwards' Abhandlung. Lehren wie diese, nicht die mittelalterlichen Kreuzzüge, waren die Saat, aus denen die großartige Kultur entstand, die auf muslimische Immigranten so anziehend wirkt. Ich erörtere diese Fragen ausführlicher in meinem früheren Buch *Das Buch der Mitte. Wie wir wurden, was wir sind: Die Bibel als Herzstück der westlichen Kultur*.

Die Führer des Dschihad nutzen die westlichen «Übel» wie die Kreuzzüge und die Sklaverei, um im Westen muslimische Jugendliche zu rekrutieren, insbesondere, weil säkulare Pädagogen diese «Übel» beklagen. (Im nächsten Kapitel werden wir sehen, dass diese Übel allerdings aus dem Islam in den modernen Westen gelangt sind.) Leider haben moderne Wissenschaftler wenig Verständnis für die verändernde Kraft des

Kreuzes, die dem Westen durch die Bibel und durch die großen geistlichen Erweckungen injiziert wurde. Ich will nur ein Beispiel erwähnen:

Das Kreuz: Gottes Kraft für unsere Reinheit

Der Apostel Petrus fasste eine der Bedeutungen des Kreuzes zusammen, indem er schrieb, dass Christus «unsere Sünden auf sich genommen und sie selbst zum Kreuz hinauf getragen» habe, sodass «wir für die Sünde tot sind und jetzt leben können, wie es Gott gefällt» (1. Petrus 2,24).

Saulus, ein jüdischer Terrorist, aus dem dann der Apostel Paulus wurde, wusste, dass das Kreuz Gottes Kraft zu unserem Heil ist. Durch das Kreuz errettet Gott uns von unserer Sünde und unserer Selbstbezogenheit. Paulus bezeugte über die Macht des Kreuzes:

> Mein altes Leben ist mit Christus am Kreuz gestorben. Darum lebe nicht mehr ich, sondern Christus lebt in mir! Mein vergängliches Leben auf dieser Erde lebe ich im Glauben an Jesus Christus, den Sohn Gottes, der mich geliebt und sein Leben für mich gegeben hat.
>
> *Galater 2,19–20*

Ein paar Seiten später erklärt Paulus den Galatern die moralischen Implikationen des Kreuzes, die auch tiefgreifende soziale Konsequenzen haben:

Denn wer dieses eine Gebot befolgt: «Liebe deinen Mitmenschen wie dich selbst!», der hat das ganze Gesetz erfüllt. Wenn ihr aber wie die Wölfe übereinander herfallt, dann passt nur auf, dass ihr euch dabei nicht gegenseitig fresst!

Darum rate ich euch: Lasst euer Leben von Gottes Geist bestimmen. Wenn er euch führt, werdet ihr allen selbstsüchtigen Wünschen widerstehen können. Denn, selbstsüchtig wie wir sind, wollen wir immer das Gegenteil von dem, was Gottes Geist will. Doch der Geist Gottes duldet unsere Selbstsucht nicht. Beide kämpfen gegeneinander, so dass ihr das Gute, das ihr doch eigentlich wollt, nicht ungehindert tun könnt. Wenn ihr aber aus der Kraft des Geistes lebt, seid ihr den Forderungen des Gesetzes nicht länger unterworfen.

Gebt ihr dagegen euren selbstsüchtigen Wünschen nach, ist offensichtlich, wohin das führt: zu sexueller Zügellosigkeit, einem sittenlosen und ausschweifenden Leben, zur Götzenanbetung und zu abergläubischem Vertrauen auf übersinnliche Kräfte. Feindseligkeit, Streitsucht, Eifersucht, Wutausbrüche, Intrigen, Uneinigkeit und Spaltungen bestimmen dann das Leben ebenso wie Neid, Trunksucht, üppige Gelage und vieles andere. Ich habe es schon oft gesagt und warne euch hier noch einmal: Wer so lebt, wird niemals in Gottes neue Welt kommen.

Dagegen bringt der Geist Gottes in unserem Leben nur Gutes hervor: Liebe und Freude, Frieden und Geduld, Freundlichkeit, Güte und Treue, Besonnenheit und Selbstbeherrschung. Ist das bei euch so? Dann kann kein Gesetz mehr etwas von euch fordern! Es ist wahr: Wer zu Christus gehört, der hat sein selbstsüchtiges Wesen mit allen Leidenschaften und Begierden ans Kreuz geschlagen. Durch Gottes Geist haben wir neues Leben, darum lasst uns jetzt auch unser Leben in der Kraft des Geistes führen! Wir wollen nicht mit unseren vermeintlichen Vorzügen prahlen und dadurch Kränkungen und Neid hervorrufen.

Galater 5,14–26

Ich habe an anderer Stelle erklärt, dass die sozialen Implikationen der Veränderungen, die das Kreuz bewirkt, in unserem eigenen Leben beginnen.[38] 1976 starteten meine Frau und ich ein Projekt in sechs Dörfern rund um unsere Farm, um die Gesundheit der Bewohner zu verbessern. Aus jedem der Dörfer kam zweimal in der Woche ein Dorf-Gesundheitsbeauftragter zu uns auf die Farm. Der Arzt wollte am liebsten intelligente Frauen aus den Dörfern schulen, aber die Kultur erlaubte es den Frauen nicht, zu uns auf die Farm zu kommen, obwohl meine Frau und meine Schwägerin aktiv an jedem Kurs teilnahmen. Deshalb waren die Beauftragten alles junge Männer – Hindus. Fünf von ihnen waren verheiratet.

Ein Arzt und einige Krankenschwestern kamen aus der Stadt, um uns beizubringen, wie wir uns vor häufigen Krankheiten schützen und unsere Gesundheit durch Ernährung, sauberes Wasser, bessere Hygiene usw. verbessern konnten. Innerhalb einiger Monate wurden wir zu einem großartigen Team.

Durch unser freundschaftliches, vertrauensvolles Verhältnis hatten die Gesundheitsbeauftragten die Freiheit, ehrlich zu sagen, was sie auf dem Herzen hatten. Eines Abends, als die Damen gerade Tee servierten und wir auf die Ankunft des Teams aus der Stadt warteten, rückte einer der jungen Männer mit seiner Meinung heraus: «Ihr Christen seid völlig verdorben!»

Ich war geschockt und fragte: «Wie meinst du das?»

Er erklärte: «Du gehst über deine Felder und hältst die Hand deiner Frau. Bei uns müssen die Frauen drei Meter hinter uns gehen. Du nimmst deine Schwägerin auf dem Motorroller mit auf den Markt. Bei uns dürfen nicht einmal unsere eigenen Frauen hinter uns auf dem Fahrrad sitzen.»

Ich hatte keine Ahnung, was ich darauf antworten sollte.

Mein älterer Bruder Vinay lebte schon länger in dieser ländlichen Gemeinde als ich. Also antwortete er mit rückhaltloser Offenheit: «Kommt schon, Jungs. Ihr wisst doch, dass in Wirklichkeit genau das Gegenteil wahr ist. Ich lasse meine Frau mit meinem Bruder auf den Markt fahren, weil ich meiner Frau und meinem Bruder vertraue. Ihr dagegen könnt eure Frauen nicht einmal eine halbe Stunde lang allein zu Hause lassen, weil ihr weder euren Frauen noch euren Vätern, Onkeln oder Brüdern vertraut. Ihr könnt euren Frauen nicht die Freiheit geben, zu lernen, wie sie besser für die Gesundheit ihrer Kinder sorgen können, weil eure Herzen moralisch verdorben sind.»

Zu meinem Erstaunen stimmten unsere Freunde meinem Bruder völlig zu. Es stellte sich heraus, dass sie bereits geahnt hatten, dass hinter der relativen Freiheit der christlichen Kultur höhere ethische Maßstäbe stecken. Ihr anfängliches Missverständnis christlicher Freiheit rührte aus dem Denken ihrer hinduistischen Kultur. Sie kannten keine Christen und verstanden deshalb auch nicht, dass die Freiheit und Gleichberechtigung der Frauen die Frucht moralischer Reinheit ist, die vom Kreuz herkommt, wo unsere Sünde angenagelt wurde.

Ich erwähne diese Begebenheit, weil sie muslimischen Lesern vielleicht hilft, den Vater des militanten Islamismus, Sayyid Qutb, zu verstehen. Als Student in Amerika sah er die Freiheit, die die Frauen im Westen genossen. Diese Freiheit missdeutete er als Unmoral und zog deshalb verschleierte Frauen der befreienden Kultur des Kreuzes vor. Aus Wikipedia können wir entnehmen, dass Qutb die amerikanische Freiheit ganz offensichtlich mit der traditionellen arabischen Sinnlichkeit verwechselte:

> «Die amerikanische junge Frau ist mit der verführerischen Wirkung ihres Körpers sehr vertraut. Sie weiß, sie geht vom Gesicht aus, von ausdrucksstarken Augen und durstigen Lippen. Sie weiß, die Verführungskraft geht von den runden Brüsten aus, von dem vollen Gesäß und den wohlgeformten Schenkeln, von den schlanken Beinen – und all das zeigt sie und verbirgt es nicht.»[39]

Es stimmt, dass 1948, als Qutb nach Amerika ging, der Säkularismus bereits begonnen hatte, die christliche Bildung zu verdrängen. Dennoch waren zu jener Zeit die ethischen Standards in Amerika immer noch höher als in der übrigen Welt. Deshalb wurde Qutb, obwohl er das seiner Meinung nach unschickliche Auftreten amerikanischer Frauen kritisierte, nie Zeuge von sexueller Freizügigkeit auf seinem Campus. Er verwechselte die relative Frage der Schicklichkeit mit tatsächlicher sexueller Unmoral, die darin besteht, eine absolute moralische Forderung wie «Du sollst nicht ehebrechen» zu übertreten. Im Lauf der Zeit hat der Säkularismus die christliche Freiheit zu einem Freibrief zur Zügellosigkeit verkommen lassen, denn der Säkularismus erkennt keine absoluten moralischen Forderungen an.

Bei den alten Griechen und Römern standen Playboys in hohem Ansehen. Das schadete den Frauen und machte sie unfrei. Die Frauen Europas reagierten so positiv auf das Evangelium des Paulus, dass sie es auf sich nahmen, Rom für Christus zu gewinnen. Die Botschaft vom Kreuz veränderte die Sexualmoral des Westens. Das verschaffte den westlichen Frauen eine einzigartige Freiheit. Heute jedoch verkommt die christliche Freiheit durch den Säkularismus zu Unschicklichkeit und ausgesprochener Zügellosigkeit. Moralische Verdorbenheit zerstört die Familie im Westen.

Eine der wenigen positiven Auswirkungen des Kalifats al-Baghdadis ist, dass es für jedermann sichtbar den Zusammenhang demonstriert zwischen sexueller Unmoral und der Versklavung von Frauen. Jesus lehrte: «Ihr wisst, dass es im Gesetz heißt: ‹Du sollst nicht die Ehe brechen!› Ich sage euch aber: Schon wer eine Frau mit begehrlichen Blicken ansieht, der hat im Herzen mit ihr die Ehe gebrochen» (Matthäus 5,27–28). Seine Kraft verwandelte die Herzen der Männer, sodass der Westen Frauen mit Respekt behandelte. Das Kreuz ist Gottes Kraft, und die kann sowohl den säkularen Westen als auch den Islam retten.

Das Kreuz: Der Grund für Toleranz

Der Westen ist im Hinblick auf die muslimischen Flüchtlinge tief gespalten. Manche heißen sie willkommen, andere sind gegen ihre Anwesenheit, und die meisten sind nervös. Ein Grund für die Nervosität ist offensichtlich: Der Westen legt viel Wert auf seine freie Presse, auf die Versammlungsfreiheit und das Recht auf freie Meinungsäußerung, das auch Kritik an der Mehrheit und an den Mächtigen einschließt und Sündern ebenso zusteht wie Weisen. Diese Freiheit wirkt erschreckend auf den Islam; sie ist eine Bedrohung für alle autoritären Systeme.

Die westliche Freiheit wird häufig missbraucht. Manche verfälschen das Recht auf freie Meinungsäußerung zu einem Freibrief, andere aufs Übelste zu beleidigen – selbst wenn eine solche Beleidigung niemandem irgendetwas nützt. Das System bietet Mechanismen, um die Schuldigen zu bestrafen, aber Terrorismus gehört nicht zu diesen Mechanismen. Wer einen anderen durch Terror zum Schweigen bringt, bestreitet seinen Status als Mensch.

Dass wir nach dem Bild Gottes geschaffen sind, bedeutet, dass wir kreativ sind und nicht nur produktiv. Maschinen produzieren, Menschen kreieren. Der Unterschied liegt in der Freiheit. Eine Maschine produziert das, wozu sie konstruiert ist. Was wir aber erschaffen, das entscheiden wir selbst. Die Freiheit, zu wählen, gehört zum Wesen des Menschseins. Terror und Zwang rauben Menschen diese Freiheit – und damit die Gottesebenbildlichkeit.

Der Prophet Mohammed mochte Poesie gern und sagte zu Hassan: «Verspotte sie [die Heiden] in Versen, und Gabriel ist mit dir.»[40] Doch islamische Quellen dokumentieren die Ermordung von Männern und Frauen, Juden und Arabern, weil sie sich satirisch über den Propheten äußerten oder diejenigen, die getötet wurden, beklagten.[41] Ganz im Sinne dieses Präzedenzfalls attackierten Terroristen am 7. Januar 2015 die freie Presse in Paris: Die Brüder Saïd und Chérif Kouachi töteten in den Redaktionsräumen der Satire-Zeitschrift «Charlie Hebdo» elf Menschen und verletzten elf weitere. Die beiden gehörten zur Al-Qaida im Jemen. Sie waren aufgebracht über die Veröffentlichung einer Karikatur des Propheten Mohammed.

Etwa zwei Millionen Menschen, darunter vierzig hohe Politiker aus aller Welt, versammelten sich am 11. Januar in Paris zu einem Marsch der nationalen Einheit zur Unterstützung der Pressefreiheit. Insgesamt nahmen in ganz Frankreich ungefähr 3,7 Millionen Menschen an Demonstrationen teil. Die Dschihadisten, die die Künstler und Autoren von «Charlie Hebdo» ermordet hatten, schafften es, Millionen von Franzosen gegen den Islam aufzubringen.

Jeder Mensch, ob Christ, Muslim, Hindu, Jude oder Atheist, kann tolerant oder intolerant sein. Die Europäer vertrieben zwar die Muslime aus Spanien, sanken dann aber so tief, dass sie die Zwangstaktiken des Islam übernahmen: Die westliche Kirche wurde äußerst intolerant und verbrannte Ketzer auf dem Scheiterhaufen. Oft agierte der Staat als brutaler Vollstrecker für die Kirche. Diese beschnitt die Freiheit des Einzelnen, das Evangelium zu verkündigen und Missbrauch und Korruption in der Kirche aufzudecken.

Der deutsche Reformator Martin Luther demonstrierte am 31. Oktober 1517 die prophetische reformierende Kraft des Kreuzes. Das Kreuz gab ihm die Freiheit des Gewissens und der Meinungsäußerung. Es machte ihn fähig, die Irrtümer und die Korruption der Kirche aufzudecken; so nagelte er seine fünfundneunzig Thesen an die Tür der Wittenberger Schlosskirche. Als er sich auf dem Reichstag zu Worms (1521) dafür verantworten musste, stand er vor der Wahl zwischen Leben und Tod. Das Kreuz machte ihn fähig, bei seinen Überzeugungen zu bleiben, selbst wenn es ihn in Lebensgefahr brachte. Mit seiner unter Gebet getroffenen Entscheidung begann die Reformation, die Europa veränderte.[42]

Im England der 1640er Jahre wurde die Toleranz zur Staatsräson. Bekannte Intellektuelle wie der puritanische Dichter John Milton argumentierten, die Macht des Staates, das Schwert, dürfe nicht dazu dienen, bestimmte politische Denkweisen zu unterstützen. Wahrheit und Irrtum müssten die Freiheit haben, öffentlich miteinander zu ringen, ohne Zwang oder Furcht, denn in freien und offenen Diskussionen würde immer die Wahrheit siegen.

Miltons Weltanschauung war von dem biblischen Gedanken geprägt, dass der Mensch mit seinem Verstand die Wahrheit erkennen könne, ja, dass es unsere Pflicht sei, die Wahrheit zu suchen. Die Suche nach Wahrheit wird gefördert, wenn Menschen die Freiheit haben, Ideen auf die Probe zu stellen und zu kritisieren. Da die Gemeinde die Hüterin der Wahrheit ist (1. Timotheus 3,15), darf sie sich vor kritischen Fragen nach der Wahrheit nicht fürchten.

Der puritanische Staatsmann Oliver Cromwell trat für die Gewissens- und Religionsfreiheit ein. Wir alle haben die angeborene Fähigkeit, zu unterscheiden zwischen Gut und Böse, Recht und Unrecht, Wahrheit und Irrtum, Schönheit und Hässlichkeit. Die Bibel sieht in dieser Fähigkeit einen Beleg dafür, dass Menschen sich von den Tieren unterscheiden. Wir sind geistliche Wesen, ausgestattet mit einem Gewissen, das ein Teil des Ebenbildes Gottes in uns ist. Wir alle sind imstande, furchtbare Dinge zu sagen und zu tun. Unser Gewissen kann sogar so weit verdorben werden, dass wir die Ermordung unschuldiger Menschen als einen gottgefälligen Akt der Frömmigkeit interpretieren.

Jesus sah den islamischen Dschihad schon voraus und sagte: «Ja, es wird so weit kommen, dass man meint, Gott einen Dienst zu erweisen, wenn man euch tötet» (Johannes 16,2).

Doch das Gewissen ist eine gottgegebene Fähigkeit. Es ist eines der Werkzeuge, die Gott gebrauchen wird, um uns zu richten, wenn die Bücher über unsere Taten aufgetan werden und es zur letzten Abrechnung kommt.[43]

Da Gott jeden Menschen nach seinem Gewissen richten wird, dürfen wir das Gewissen anderer Menschen bilden und erziehen, aber wir dürfen es nicht steuern oder zwingen. Kirche und Staat müssen den Menschen erlauben, ihren Weg mit Gott in Übereinstimmung mit ihrem eigenen Gewissen zu gehen.

Obwohl die Lehre vom Gewissen schon in der Bibel zu finden ist, wurde sie erst durch den Westminster Katechismus zu einem festen Bestandteil der Politik-Philosophie des Westens.

Diese Zusammenfassung der biblischen Weltanschauung wurde 1646 von einem Komitee aus 121 Theologen und Pastoren formuliert und 1647 von der Church of England und der Church of Scotland angenommen. Der größte Teil davon wurde 1649 und 1690 vom britischen Parlament ratifiziert.

Das Kreuz war eines der entscheidenden Argumente für die Toleranz. In seinem Essay *Letter Concerning Toleration* («Toleranzbrief») sagte der christliche Philosoph John Locke zu den anglikanischen Bischöfen und Herrschern, sie könnten nicht den Anspruch erheben, Nachfolger Jesu Christi und seiner Apostel zu sein, und zugleich das Schwert gebrauchen, um Menschen in ihre jeweilige Kirche zu zwingen. Denn Christus habe das nicht getan. Seine Methode, Menschen zu gewinnen, war das Kreuz. Durch sein Opfer am Kreuz warb der Herr Jesus um die Sünder, dass sie sich mit Gott versöhnen lassen.

Gott hat die Macht, Sünder zu vernichten. Aber Gott bringt uns nicht gleich um, wenn wir ihn missachten oder ihm fluchen. Denn Gott will nicht, dass die Übeltäter zugrunde gehen. Er strebt danach, diejenigen zu retten, die ihn ablehnen, ihn hassen und ihn verspotten. Darum hat Gott bis zum Tag des letzten Gerichts Geduld mit den Sündern und wartet darauf, dass wir zu ihm umkehren. Der Apostel Paulus richtete an diejenigen, die gegen Gott rebellieren, die Frage:

> Für wie armselig haltet ihr denn Gottes unendlich reiche Güte, Geduld und Treue? Seht ihr denn nicht, dass gerade diese Güte euch zur Umkehr bewegen will?
>
> *Römer 2,4*

Wenn Gott Geduld mit den Sündern hat, wenn der Herr Jesus Christus sogar den Spott, die Schande, die Grausamkeit und die Gewalttätigkeit des Kreuzes auf sich genommen hat, um uns zu retten, dann müssen auch wir diejenigen lieben, die Gott, Christus oder uns hassen. Wir müssen für unsere Feinde und für Gottes Feinde beten und unseren persönlichen Preis für ihre Errettung zahlen. Das ist die Kultur des Kreuzes.

Gott, der Vater, erweckte Jesus von den Toten und verwandelte das Kreuz in den Triumph Christi. Doch über die Macht der Auferstehung Christi müssen wir bei anderer Gelegenheit sprechen.

Wo der Islam sich selbst schadet

Der Islam schadet sich selbst, weil er das Reich der Liebe Gottes ablehnt – und das zugunsten des brutalen Reiches eines sündigen Kalifen.

Der Islam schadet sich selbst, weil er die Menschwerdung Gottes ablehnt – die Tatsache, die unsere einzigartige Würde begründet.

Die Ablehnung der Einheit Gottes als einer unendlich komplexen Trinität macht es dem Islam schwer, Einheit in Vielfalt anzunehmen, Frauen und Männer als gleichberechtigt zu behandeln und Nationen zu bauen, die trotz konfessioneller, ethnischer oder sprachlicher Unterschiede «groß» sein können.

Der Islam schadet sich selbst, weil er das Heil durch das Kreuz ablehnt, an dem Gott das Opfer für unsere Sünden erbracht hat. Dennoch will Gott auch militante Muslime nicht verwerfen. Er liebte sie so sehr, dass er den Messias ans Kreuz sandte, um sie zu retten. Auch sie! Das Kreuz ist Gottes Kraft zur Heilung des Nahen Ostens.

9 Triumph über den Terrorismus

Das spektakuläre Versagen des säkularen Amerika

Wie viel haben die Vereinigten Staaten von Amerika ausgegeben für ihre katastrophalen Bemühungen, den Nahen Osten zu heilen?[44]

Die Schätzungen gehen weit auseinander. Die Experten kalkulieren unterschiedlich und rechnen von verschiedenen Zeitpunkten an. Ich glaube, wir sollten 1952 beginnen, als die CIA ihre Fäden zog, um eine lästige iranische Demokratie durch eine korrupte Monarchie zu ersetzen.[45] Ich vermute, dass seither die Gesamtkosten für das kolossale Versagen des säkularen Amerika mindestens sieben Billionen Dollar betragen.

Manche Leute verweisen auf das Christentum und die Kreuzzüge und sind der Meinung, die Religion verursache Kriege. Von der säkularen Gewalt ist in den säkularen Medien seltener die Rede. Sie zeigen nicht die Opfer säkularer Bomben. Deshalb können die meisten Leute nicht verstehen, warum ein Selbstmordattentäter sich selbst in die Luft sprengt, um andere umzubringen, die ihm nie etwas angetan haben.

Im zwanzigsten Jahrhundert kamen 39 Millionen Menschen durch säkulare Kriege ums Leben. Allein in den kommunistischen Ländern wurden über hundert Millionen von ihren eigenen Regierungen umgebracht.[46]

Amerikas Nahostpolitik wurde von hervorragend ausgebildeten säkularen Experten entworfen. Doch ihre Weltanschauung machte es ihnen unmöglich, zu verstehen, zu wie viel Bosheit die «gefallene» Menschheit imstande ist – die religiöse ebenso wie die kapitalistische oder kommunistische.

Die Politik des Westens wurde gestaltet von den bestinformierten liberalen und konservativen Experten aller Zeiten. Umgesetzt wurde sie von den fortschrittlichsten Militärs, Diplomaten, Managementexperten und Politikern. Die Kriege des Westens wurden bei den Vereinten Nationen diskutiert und sanktioniert. Sie wurden von der NATO geführt und von den Medien genutzt, um die Einschaltquoten zu steigern. Am Ende hatte Amerikas Friedensnobelpreisträger Präsident Obama die Kriege, die de facto mit winzigen Gruppen islamistischer Terroristen begonnen hatten, globalisiert.

Die Experten fangen erst allmählich an zu begreifen, wie sie von Osama Bin Laden und anderen radikalen und apokalyptischen Dschihadisten hinters Licht geführt wurden. Anschläge wie der gegen das New Yorker World Trade Center im September 2001 waren diabolisch und schöpften aus einem riesigen geistlichen Reservoir des Terrors.

Die gemäßigten Muslime verurteilen die Terroristen. Doch in der Debatte haben die militanten Islamisten die Oberhand. Ein «wahrer» Islam, der dem Koran und der Tradition folgt, erfordert das Kalifat und den Dschihad. Wenn er dem Propheten Mohammed treu sein will, muss er den Gebrauch von Waffengewalt zur Errichtung eines Kalifats und seiner Ausweitung über die ganze Welt akzeptieren. Die Moderaten widersprechen zwar al-Baghdadis Ernennung zum Kalifen, aber sie haben kein Argument gegen die Forderung des Korans, dass es einen Kalifen geben müsse.

Haben sich die USA in ihrem eigenen Netz verfangen? In vieler Hinsicht ist die Militanz des heutigen Nahen Ostens ein direktes Ergebnis der Falle, die die säkularen Politiker in der US-Regierung aufgestellt haben, um die Sowjetunion, ihren Gegner im Kalten Krieg, aus Afghanistan zu vertreiben. Auf einer tieferen Ebene jedoch ist sie ein Versuch der Islamisten, Muslime, die sich mit der Welt arrangiert haben, zu zwingen, zu «wahren» Muslimen zu werden. Scheinbar «sinnlose» terroristische Akte dienen dazu, zwischen Muslimen und Nichtmuslimen Feindseligkeit zu erzeugen. Die Terroristen haben gewonnen, wenn sie die Nichtmuslime dazu bringen können, alle Muslime zu hassen. Diesen Hass brauchen die Terroristen, um gemäßigte Muslime zu radikalisieren und dem Dschihad gegen die Nichtmuslime immer neue Nahrung zu geben.

Als ich am 8. Dezember 2015 begann, dieses Buch zu schreiben, gab es in der Türkei bedrohliche Anzeichen für einen sich anbahnenden Bürgerkrieg, wie schon zuvor in Afghanistan, im Irak, in Libyen, Syrien und im Jemen. Inzwischen, am 4. Januar 2016, hat der Iran deutlich gemacht, dass er die Schiiten bei einem Bürgerkrieg in Saudi-Arabien unterstützen würde.

Der ursprüngliche Konflikt zwischen Schiiten und Sunniten begann als ein interner Machtkampf: Ali ibn Abi Talib, der Cousin und Schwiegersohn des Propheten und Ehemann der Fatima, wurde bei der Ernennung des Kalifen übergangen. Daraufhin setzten einige seiner Anhänger die Ermordung des dritten

Kalifen Uthman ibn Affan ins Werk; danach wurde Ali zum Kalifen ernannt. Damit begann der Bürgerkrieg. Im Jahr 661 wurde Ali in einer Moschee ermordet. Mu'āwiyah (ein Umayyade) zwang Hasan, Alis Sohn, ihm das Kalifat zu übergeben, und Hasan wurde später vergiftet.

In der Schlacht von Kerbela (680 n. Chr.) tötete die Armee des Kalifen Yazid I. den Enkel des Propheten Mohammed, al-Husain, und dessen Männer; ihre Frauen und Kinder wurden gefangen genommen. Noch heute betrauern Schiiten in Aschura-Trauerzeremonien seinen Tod. Diese uralte Feindschaft und Rachsucht, verstärkt durch Öl- und Machtinteressen, wirbelt auch heute noch den Nahen Osten auf.[47]

Saudi-Arabien, die Islamische Republik Iran, die Türkei und al-Baghdadis Islamischer Staat sehen sich alle in einem existenziellen Konflikt miteinander. Ein Islam, der in sich selbst gespalten ist, kommt den einflussreichen jüdischen Interessen in Israel und Amerika natürlich entgegen: Israel gewinnt dadurch die benötigte Zeit, um sich für den Tag zu rüsten, an dem sich seine muslimischen Nachbarn vereinen, um Israel anzugreifen, statt sich untereinander zu bekämpfen. Die Frage ist: Will Gott einen blutigen Nahen Osten? Wenn nicht, woher kommt dann der radikale Islamismus – von Gott oder vom Satan? Hilft er dem Islam, oder zerstört er ihn?

Die Hinrichtung des gewaltlosen Dissidenten Scheich Nimr al-Nimr durch den saudischen König Salman mag durch die Scharia gerechtfertigt sein. Dem westlichen Rechtsverständnis entspricht sie nicht. Und dem muslimischen Iran kommt es gelegen, Saudi-Arabien nach westlichen Rechtsmaßstäben zu beurteilen.

Die Hinrichtung ihres hoch angesehenen Sprechers stellt die schiitischen Muslime vor eine sehr schwere Wahl: Sollen sie sich damit abfinden, im Heiligen Land des Islam – dem Land der Kaaba in Mekka und der Prophetenmoschee in Medina – Bürger zweiter Klasse zu sein? Oder sollen sie um die westlichen «unveräußerlichen» Rechte auf Leben und Freiheit kämpfen, mit denen ihr Schöpfer sie ausgestattet hat?[48]

Saudi-Arabiens sunnitische Mehrheit kann der schiitischen Minderheit nicht das Recht auf Freiheit zubilligen. Sie kann auch nicht zulassen, dass die mehrheitlich schiitische Ostregion zu einem unabhängigen neuen Staat wird. Denn ein Großteil des saudischen Öls befindet sich unter dem Territorium, das von der militärisch schwachen Schiiten-Mehrheit bewohnt wird. Das saudische Königshaus glaubt, das schiitische Öl nicht mit Freiheit, sondern nur mit Gewalt unter sunnitischer Kontrolle behalten zu können.

Die islamische Rechtslehre kommt muslimischen Monarchen und Diktatoren entgegen, denn nicht Recht und Gerechtigkeit, sondern das Schwert ist die Grundlage der islamischen Politik-Philosophie.

Wird sich der sunnitisch-schiitische Krieg der Worte zu einem offenen Krieg zwischen dem sunnitischen Saudi-Arabien und dem schiitischen Iran verwandeln? Wenn das geschieht, wird damit das säkulare Amerika auf die Probe gestellt: Geht es Amerika letztendlich um Gerechtigkeit und Frieden – oder doch nur ums Öl?

Die saudischen Schiiten stehen vor einer schwierigen Entscheidung: «Wie sollen wir auf die islamische Ungerechtigkeit der Saudis reagieren?» Während des Arabischen Frühlings von 2011 rief al-Nimr zu friedlichen Protesten auf. 2016 verlor er seinen Kopf. Soll die nächste Runde friedlich oder gewalttätig verlaufen?

Amerika und der Nahe Osten

Die amerikanischen Versuche, den Nahen Osten zu verändern, sind gescheitert. In einem begrenzten Sinne agierte das säkulare Amerika tatsächlich als «Kreuzritter». Noch hat Amerika genug christliches Gewissen, um keine Länder zu erobern. Deshalb hat Amerika nicht versucht, Zivilisten zu terrorisieren, zu kidnappen, auszuplündern, zu vergewaltigen oder zu versklaven. Sein ausdrückliches Ziel war es, gewöhnlichen Muslimen, die unter dem Terror litten, Freiheit, Gerechtigkeit und Frieden zu bringen. Das sind zwar lobenswerte Ziele, aber das Vorgehen der Amerikaner gab der Welt reichlich Anlass zu dem Verdacht, dass ihre Motive nicht ganz uneigennützig, sondern mit wirtschaftlichen und politischen Eigeninteressen vermischt waren.

Amerika stützte sich, wie die Muslime und die Kreuzritter, auf Waffengewalt, um seine ethischen Ziele zu erreichen. Kein amerikanischer Präsident hat jemals vorgeschlagen, die Waffe Christi einzusetzen – das Kreuz. Die USA entsenden zwar 127.000 christliche Missionare in alle Welt.[49] Doch seit mehreren Generationen sehen amerikanische Christen im Kreuz lediglich noch ein Mittel, durch das der einzelne Mensch in den Himmel gelangt. Dadurch sind ihre religiösen Ziele und ihr Gewissen unpolitisch geworden. Sie kümmern sich um die Ethik der privaten Lebensführung, aber nicht mehr um die öffentliche Politik. Doch die Bibel lehrt, dass Jesus auch starb, um Völker zu erretten (Johannes 11,49–52).

Ein großer Teil der amerikanischen Gemeinde wartet darauf, dass Christus wiederkommt, um den Satan zu binden und sein tausendjähriges Friedensreich aufzurichten. Viele Christen haben die Prophezeiungen Jesajas (in den Kapiteln 1, 11, 53 usw.) nie verstanden, in denen steht, dass der Messias durch sein Leiden die Völker heilen werde. Das ist ein Grund dafür, warum die amerikanische Christenheit die Regierung ihres Landes (überwiegend) den Säkularisten überlässt, die mit dem Kreuz, mit biblischer Weltanschauung und mit geistlichen Dingen rein gar nichts anfangen können. In Los Angeles setzten die Säkularisten sogar durch, dass das Kreuz aus dem Siegel ihrer Stadt entfernt wurde.

Diese Faktoren erklären, warum die amerikanischen Christen nie das Weiße Haus gedrängt haben, die Kraft einzusetzen, die den Westen umgestaltet hat – die Macht des Kreuzes des Herrn Jesus Christus.

Nicht Christus konnte die Europäer zu den Kreuzzügen inspirieren, und er hat es auch nicht getan. Scharfsinnige Gelehrte wie Jacques Ellul haben darauf hingewiesen, dass die Kreuzzüge die Islamisierung des europäischen Christentums darstellten.[50]

Man könnte argumentieren, die Kreuzzüge seien «gerechte Kriege» gewesen – ebenso, wie die amerikanische Invasion in

Afghanistan als «gerechter Krieg» galt, nachdem Al-Qaida die New Yorker Zwillingstürme zerstört hatte. Das mittelalterliche Europa musste sich gegen islamische Invasionen verteidigen. Es hatte die Pflicht, die Schwachen zu schützen, die durch das islamische Schwert terrorisiert wurden.

Dennoch folgten die Päpste nicht dem Willen Christi, als sie Ritter überredeten, in den Kampf zu ziehen, und ihnen dafür den Himmel und die vollständige Tilgung ihrer Sünden versprachen. Damit folgten die Kreuzritter-Päpste der Taktik des Propheten Mohammed.

Viele Kreuzritter begingen ähnliche Gräuel wie die Dschihadisten Saudi-Arabiens und des Islamischen Staates. Diese Dinge konnten ungehindert geschehen, weil Europa in der damaligen Zeit noch keine Berufsheere hatte. In unserer Zeit wurden amerikanische Soldaten, wenn sie in Afghanistan und im Irak ihre Machtposition missbrauchten, nicht dafür belohnt. Sie kamen vor Gericht und wurden bestraft. Die mittelalterlichen Kreuzritter-Heere konnten ihre Kämpfer nicht auf diese moderne christliche Weise disziplinieren, weil sie nicht über die professionellen Mechanismen verfügten, um Übeltäter unter Kontrolle zu halten.

Im krassen Gegensatz zur US-Armee belohnt der Islamische Staat Grausamkeit, ganz nach dem Vorbild Mohammeds und der frühen Kalifen. Er ist stolz auf seine Strategie, Grausamkeiten im Internet zur Schau zu stellen. Diese Grausamkeit inspiriert wiederum diejenigen, die von einem Geist des Hasses besessen sind.

Säkulare Amerikaner bezeichnen kämpferisch eingestellte

Muslime als «Terroristen». Leider verschaffen sie Muslimen auch handfeste Gründe dafür, im Gegenzug sie als «westliche Kreuzritter» zu etikettieren. Dieser Teufelskreis des Hasses kann nur durchbrochen werden, wenn aufrichtige Christen den Weg des Kreuzes gehen und Muslimen mit Liebe begegnen. Wir müssen darum beten, dass jeder Diktator, Monarch, Präsident, Premierminister und Scheich, angefangen mit Dr. al-Baghdadi, durch den Heiligen Geist neu geboren wird.

Europa und Amerika müssen weiterhin stärkere Armeen aufbauen, gewiss. Doch viel wichtiger ist es, dass diese Länder und ihre Armeen von Männern und Frauen geführt werden, die auf Gott hören. Säkulare Führer mit tödlichen Waffen (etwa Atombomben) können viel schlimmer sein als brutale Terroristen mit einfacheren Waffen wie Sprengstoffgürteln oder Molotow-Cocktails.

Viel dringender als größere und bessere Armeen braucht der Westen Nachfolger Christi, die gelernt haben, Weltreligionen und internationale Beziehungen zu verstehen. Sie müssen danach streben, die Außenpolitik ihrer Regierungen zu einem realistischen Werkzeug werden zu lassen, um andere Nationen – zu segnen! Dieser Realismus kann auch kriegerische Mittel einschließen, aber seine vorrangigen Werkzeuge sind Liebe und Segen. Segen auch für die, die uns verfluchen.

Das säkulare Bildungswesen ist zur größten Gehirnwäsche-Maschine aller Zeiten geworden. Es bringt muslimische und säkulare Jugendliche gegen die Gerechtigkeit und gegen den Westen auf. Sein Nihilismus verachtet die westlichen Völker. Er höhlt den grundlegenden Völkerbegriff des Westens aus. Unsere menschliche Fähigkeit, Ehepartner, Nächste und Feinde zu lieben, kann und will er weder aufbauen noch stärken.

Wenn es stimmt, dass die säkulare Bildung zu einem Werkzeug Satans geworden ist, um die Völker hinters Licht zu führen, dann brauchen wir nichts dringender als eine neue Reformation der Universitäten des Westens.

Um dem Verfall der westlichen Universitäten entgegenzuwirken, muss jede christliche Gemeinde im Westen zu einem Hörsaal werden, der mit einer Universität oder mit anderen Bildungsstätten zusammenarbeitet. Dort müssen alle Fächer im Licht einer biblischen Weltanschauung und echter Spiritualität unterrichtet werden. Diese Gemeinde-Hörsäle müssen die Spiritualität der Liebe und der Tugend fördern.[51] Christliche Bildungsstätten und ihre Studenten, besonders außerhalb der westlichen Welt, müssen ihre Herzen und ihre Türen für junge Muslime öffnen – und sie dürfen sich nicht scheuen, Wahrheit und Tugend zu lehren.

Alle Herrscher sind Sünder, ob sie nun Christen, Muslime oder Hindus sind oder gar keiner Religion angehören. Eine Weltanschauung, die Gott das Recht verweigert, auf diese Erde herabzukommen, um sein Reich aufzurichten, verurteilt sich selbst dazu, ausschließlich von sündigen Menschen beherrscht zu werden. Friede auf Erden setzt voraus, dass der Friedefürst Herrscher über die Könige der Erde ist (Offenbarung 1,5).

Die Demokratie konnte dem Nahen Osten keine Freiheit bringen, weil der Westen seine eigene historische Definition von Freiheit vergessen hat. Die Wahrheit, die den Westen frei gemacht hat, lautete: «Jesus Christus ist Herr.»

Erstens schaffte die Herrschaft Christi die Herrschaft von Päpsten und Bischöfen innerhalb der Kirche ab.

Zweitens schaffte sie die Herrschaft von Königen im Staat ab und übertrug die Souveränität auf das Volk – auf das Volk unter Gott und unter seinem Gesetz.

Drittens schaffte die Herrschaft Christi – schrittweise – die Herrschaft der Männer über ihre Frauen ab. «Ihr Männer, liebt eure Frauen und seid nicht grob zu ihnen» war im Westen bis vor kurzem die Norm.

Viertens, und tiefergehend: Die Herrschaft Christi, in dem alle Schätze der Weisheit und Erkenntnis verborgen sind, schaffte die Herrschaft von Fachexperten über das intellektuelle und individuelle Leben ab. Sie gab dem Westen die Freiheit zur Suche nach Wahrheit, einschließlich der Freiheit, Experten, Machtmenschen und überkommene Überzeugungen infrage zu stellen. Die säkulare Welt redet unentwegt von Werten, auch von moralischen Werten. Aber Werte sind nichts als Menschenmeinungen. Meinungen, Werte, Philosophien, nationale Leitlinien, politische und religiöse Veränderungen, weltumspannende Strategien und staatliche Dekrete müssen fast immer mit Zwang durchgesetzt werden – weil sie per definitionem eben nicht wahr sind. Zwang und Wahrheit schließen sich gegenseitig aus. Wahrheit macht frei.

Der Islam macht uns zu Sklaven brutaler Menschen, weil er die Autorität von Gottes gesalbtem Befreier ablehnt – die Autorität des Messias. Beten wir darum, dass das nicht das letzte Wort bleibt.

Nachwort: Eine Einladung an Abu Bakr al-Baghdadi

Paulus, der Apostel des Herrn Jesus Christus, gilt als der geistliche Vater des modernen Europa. Ursprünglich lautete sein Name Saulus. Er lebte in derselben Region, in welcher heute Dr. Abu Bakr al-Baghdadi lebt. Saulus war als Terrorist gefürchtet. Wie Dr. al-Baghdadi war auch Saulus ein gelehrter religiöser Führer aus einer der strengsten Glaubensgemeinschaften seiner Religion – der Pharisäer.

Die Christen fürchteten sich vor Saulus, weil die Hohenpriester ihm die Vollmacht verliehen hatten, Christen aus ihren Häusern zu zerren und sie zu verfolgen. Dazu standen ihm auch bewaffnete Männer zur Verfügung.

Doch die Gemeinde Jesu Christi zur Zeit des Saulus war anders als heute: Sie glaubte tatsächlich daran, dass «bei Gott nichts unmöglich» sei. Angefangen mit dem Märtyrer Stephanus gehorchte die Gemeinde der Aufforderung, für diejenigen zu beten, die sie verfolgten (Apostelgeschichte 7,60).

Im Zuge einer seiner Terrormissionen befand sich Saulus auf dem Weg nach Damaskus. Exakt diese Stadt in Syrien will Dr. al-Baghdadi für den Islamischen Staat erobern. Auf dem Weg dorthin begegnete dem Saulus der auferstandene Herr Jesus. Damit begann die Verwandlung des Saulus in den Apostel Paulus. Zunächst war Saulus von der Herrlichkeit des Herrn geblendet. Als gebrochener, blinder Mann schleppte er sich nach Damaskus, um dort zu fasten, zu beten und Gott zu suchen.

Dann sprach der Herr zu einem seiner Jünger, Ananias, und schickte ihn zu Saulus, um ihm die Hände aufzulegen und für ihn zu beten. Ananias hatte große Angst, doch er glaubte und gehorchte. Ebenso muss auch die christliche Gemeinde heute so beten, wie der Herr Jesus Christus es ihr aufgetragen hat: «Es heißt bei euch: ‹Liebe deinen Mitmenschen und hasse deinen Feind!› Doch ich sage euch: Liebt eure Feinde und betet für die, die euch verfolgen!» (Matthäus 5,43–44).

Ananias gehorchte diesem Gebot des Herrn, ging zu Saulus, legte ihm seine Hände auf den Kopf und betete. Da fiel es Saulus plötzlich wie Schuppen von den Augen, und er konnte wieder sehen. Aus Saulus wurde Paulus, ein Diener des Herrn Jesus. Für Jesus musste er viel Verfolgung erleiden. Inspiriert vom Heiligen Geist schrieb Paulus die meisten der Briefe im Neuen Testament. Diese Briefe verändern noch heute das Leben von Sündern in aller Welt.

Wenn die Gemeinde Jesu Christi anfängt, ihre Feinde zu lieben und für diejenigen zu beten, die Christen verfolgen, dann kann selbst aus einem militanten Dr. al-Baghdadi ein heiliger Dr. Abu Bakr al-Baghdadi werden.

Jesus Christus kam nicht für die Gerechten. Er kam, um verlorene Sünder zu suchen und zu retten. «Die Gesunden brauchen keinen Arzt», sagt Jesus, «sondern die Kranken» (Markus 2,17). Ebenso erweist Gott seine Barmherzigkeit und Vergebung denen, die Böses tun. Gottes Gnade und Vergebung machen sie gerecht.

Das Wort Gottes an Dr. al-Baghdadi und andere ist dieses: «Doch ich, Gott der HERR, schwöre, so wahr ich lebe: Mir macht es keine Freude, wenn ein Gottloser sterben muss.

Nein, ich freue mich, wenn er von seinen falschen Wegen umkehrt und am Leben bleibt. Kehrt um, verlasst die alten Wege!» (Hesekiel 33,11).

In seinem Brief an die verfolgten Christen in Rom erklärt der Apostel Paulus, wie die Gemeinde Jesu Christi sich so verhalten kann, dass es ihres Herrn würdig ist:

> Eure Liebe soll aufrichtig sein. Und wie ihr das Böse hassen müsst, sollt ihr das Gute lieben. […] Bittet Gott um seinen Segen für alle, die euch verfolgen, ja, segnet sie, anstatt sie zu verfluchen. […] Vergeltet niemals Unrecht mit neuem Unrecht. Verhaltet euch gegenüber allen Menschen vorbildlich. […] Liebe Freunde, verschafft euch nicht selbst Recht. Überlasst vielmehr Gott das Urteil, denn er hat ja in der Heiligen Schrift gesagt: «Es ist meine Sache, Rache zu üben. Ich, der Herr, werde ihnen alles vergelten.» […] Lass dich nicht vom Bösen besiegen, sondern besiege das Böse durch das Gute.
>
> *Römer 12,9.14.17.19.21*

Darum lautet mein Appell an die gesamte weltweite christliche Gemeinde: Lasst uns so handeln, wie es hier beschrieben ist, und lasst uns genau so beten.

Bischof Prof. Dr. R. B. Lal
Yeshu Darbar, Allahabad, Indien

Ein ausführliches Gespräch zwischen Vishal Mangalwadi, Bischof Lal und dessen Frau Dr. Sudha Lal ist im Internet zu finden.[52]

Hintergründe und Danksagungen

Im Mai und Juni 2015 war ich auf Einladung eines Professorenforums zu einer Vortragsreise in Deutschland und der Schweiz unterwegs. Ich sprach über die Rolle der Bibel bei der Entstehung der modernen Welt. Diese Vorträge basierten auf meinem Werk *Das Buch der Mitte. Wie wir wurden, was wir sind: Die Bibel als Herzstück der westlichen Kultur* (Fontis: Basel 2014). Oben auf Chrischona in der Nähe von Basel erläuterte ich kurz, warum der Islamische Staat die Türkei meiner Meinung nach zwingen wird, über eine Wiederbelebung des 1924 abgeschafften Kalifats nachzudenken. Außerdem sagte ich, das liberale Frankreich könne bald so weit kommen, dass es Muslime ebenso verfolgen würde, wie Nazi-Deutschland die Juden verfolgt hatte.

Bis dahin war in der Presse noch nicht die Rede von den Problemen gewesen, die sich in der Türkei zusammenbrauten. Überdies waren einige meiner Zuhörer der Meinung, ich hätte die Güte des multikulturellen Herzens nicht verstanden, dem doch die Vielfalt willkommen sei. Mein Publikum wies meine Spekulationen sehr höflich zurück.

Dann, am 13. November 2015, schockierten drei islamistische Killerkommandos die Welt, indem sie 130 unbewaffnete Pariser umbrachten. Ganz gewöhnliche Leute, die ihr Leben genossen, wurden massenhaft erschossen, durch Selbstmordattentäter in die Luft gesprengt oder als Geiseln genommen – nicht in einem

Kriegsgebiet, sondern im kulturellen Herzen des emanzipierten Europa.

Europa war voller Trauer und Zorn. Die meisten Menschen konnten nicht begreifen, warum jemand Leute umbringt, die ihm nichts getan haben. Warum pflanzten Leute, die den Islam ernst nahmen, die Saat des Hasses und der Zwietracht in Ländern, die nichts anderes anstreben als Frieden und Wohlstand für alle?

Dr. Dominik Klenk, der Geschäftsführer des Fontis-Verlages in Basel, hörte meinen Vortrag auf Chrischona. Am 16. November 2015 schrieb er mir: «Die neue Frage nach diesem dramatischen Wochenende in Paris lautet: Wo finden wir offene Antworten, die uns helfen, den größeren Zusammenhang dessen zu sehen, was in der islamischen Welt vor sich geht und was die Ziele des radikalen Islamismus sind? Als Sie hier bei uns in Basel waren, haben Sie im Chrischona-Seminar einen großartigen Vortrag über das Kalifat gehalten. Haben Sie diesen Vortrag oder anderes Material schriftlich, woraus sich ein kleines Buch über das Thema machen ließe? Fünfzig bis achtzig Seiten wären genug.»

Der Verleger bat um das Manuskript bis zum 31. Dezember. Ich hatte noch nichts zu Papier gebracht, aber als ich darüber betete, gab Gott mir die Gewissheit, dass seine Gnade genug war.

Ich beschloss, etwas Verrücktes zu tun und Entwürfe der ersten Kapitel auf Facebook zu veröffentlichen. Meine Facebook-Freunde fragte ich, ob jemand unter ihnen so großzügig wäre, seine Weihnachtsferien zu opfern und mitzuhelfen, dieses Buch zu recherchieren, zu schreiben und zu redigieren.

Manche meiner Freunde sahen, dass ich wirklich Hilfe

brauchte, und antworteten. Botros P., ein feiner Gefährte aus Ägypten, versorgte mich mit hilfreichen Recherchen und Informationen. Joyce P. (Bengaluru) bot ebenfalls Hilfe bei der Recherche und beim Redigieren an. Santhosh T. und Greg B. begannen die Facebook-Entwürfe zu redigieren. Es wurde rasch unübersichtlich, als mehrere Leute an denselben Entwürfen arbeiteten. Also brachte Greg uns bei, mithilfe von Google Docs zusammenzuarbeiten. David H. (USA) setzte seinen Weihnachtsurlaub ein, um zu recherchieren und zu redigieren, und machte es möglich, dass wir ein vorzeigbares Manuskript erstellen konnten – obwohl uns allen bewusst ist, dass es noch reichlich Raum für Verbesserungen, Veränderungen, Erweiterungen und neue Argumente in diese oder jene Richtung gibt.

Mein Freund und Mentor P. G. wies mich auf einige offensichtliche Schwächen hin. Er legte mir nahe, einen professionellen Lektor mit der Bearbeitung des Textes zu beauftragen. Diese Überarbeitung ist erfolgt. Und dennoch: Das Feld ist riesengroß. So vieles könnte man dem Geschriebenen noch hinzufügen. Ich bin mir der Unvollständigkeit sehr bewusst.

Meine Studenten Immanuel C., Saket S. und Apoorva M. waren die Ersten, die meine Gedanken zu diesem Thema zu hören bekamen. Sie machten mir Mut, die Herausforderung anzunehmen, in einem Monat ein Buch über den Islam zu schreiben. Dr. Ashish A. begleitete mich auf abendlichen Spaziergängen – und das mit einer Menge Gebet. Jyoti G. half mir mit Ratschlägen zur Veröffentlichung.

Danke, meine lieben Freunde, für Eure Opferbereitschaft und Eure Hilfe.

«Ich bin ganz und gar nicht Ihrer Meinung,
und in vielerlei Hinsicht
halte ich sie sogar für völlig falsch.
Aber ich würde bis zum Äußersten gehen,
um meinerseits Ihr Recht zu verteidigen,
dass Sie Ihre Meinung offen aussprechen dürfen!»

(Zwei der vielleicht zielführendsten Sätze
zum Demokratie-Verständnis unserer Tage,
aufbauend auf Zitaten von Evelyn Beatrice Hall
und ähnlichen Gedanken Voltaires. Der Verlag.)

Anmerkungen

[1] 6,6 Millionen im jeweiligen Inland, 4.390.439 bei der UNHCR registrierte Flüchtlinge aus Syrien, 807.337 syrische Asylbewerber in Europa. 3,2 Millionen aus ihren Häusern vertriebene Menschen im Irak. 17. Dezember 2015. http://www.unocha.org/syria.

[2] Islamischer Staat im Irak (ISI); Islamischer Staat im Irak und Syrien (ISIS); Islamischer Staat des Islams und der Levante (ISIL) oder auf Arabisch Al-Daula al-Islamija fil-Irak wal-Scham (arabisches Akronym: DAESH, auch: Da'ish oder Daesh).

[3] Siehe Kapitel 8: «HELDENTUM / Wie konnte ein besiegter Messias Rom besiegen?», in: *Das Buch der Mitte. Wie wir wurden, was wir sind: Die Bibel als Herzstück der westlichen Kultur,* Fontis: Basel 2014.

[4] Siehe «Egypt Independent», 7. Februar 2011.

[5] Mursis Sieg bei der Präsidentschaftswahl wurde am 24. Juni 2012 verkündet. Als fünfter Präsident Ägyptens war er vom 30. Juni 2012 bis zum 3. Juli 2013 im Amt. Quelle: https://en.wikipedia.org/wiki/Mohamed_Morsi.

[6] Al-Banna, Hasan: *Five Tracts of Hasan Al-Banna (1906–49). A Selection from the «Majmu'at Ras'il al-Imam al-Shahid Hasan al-Banna»,* ins Englische übersetzt von Charles Wendell. Berkeley, CA, 1978, S. 150, 155. Zitiert nach Wikipedia.

[7] Qutb, Sayyid: *Milestones [Ma'alimfi'l Tariq],* Beirut: The Holy Koran Publishing House, 1980, S. 182f.

[8] Tausch, Arno: «Estimates on the Global Threat of Islamic State Terrorism in the Face of the 2015 Paris and Copenhagen Attacks», in: «Middle East» 19, Nr. 1 (2015), S. 37.

[9] Fregosi, Paul: *Jihad in the West. Muslim Conquests from the 7th to the 21st Centuries,* Prometheus Books, 1998.

[10] Mehr dazu im Kapitel «Das Kalifat und das Reich Gottes».

[11] Norton-Taylor, R.: «Terror trial collapses after fears of deep embarrassment to security services», in: «The Guardian», 1. Juni 2015, http://bit.ly/1BDldQT.

[12] Brzezinski, Zbigniew: «How Jimmy Carter and I started the Mujahideen», in: «Counterpunch», J. St. Clair & A. Cockburn, 15. Januar 1998 (Quelle: http://www.counterpunch.org/1998/01/15/how-jimmy-carter-and-i-started-the-mujahideen).

[13] «Afghanistan 10 years after Soviet pull-out», UNHCR Briefing Notes, 12. Februar 1999.

[14] Interview mit Zbigniew Brzezinski, in: «Le Nouvel Observateur», 15. bis 21. Januar 1998, S. 76. Verfügbar unter: https://www.radio-utopie.de/2014/10/16/in-1998-zensiertes-brzezinski-interview-die-russland-falle/.

[15] Kurzman, Chris, «Pro U.S. Fatwas», in: *Middle East Policy Council Fall 2003*, Bd. X, Nr. 3, http://bit.ly/1P0jc7d.

[16] «1988 Kurdish massacre labeled genocide, Erbil, Iraq», in: «UPI», 8. März 2010; http://bit.ly/1JG7aOH; Kelly, Michael J. «Never Again? German Chemical Corporation Complicity in the Kurdish Genocide», in: *Berkeley Journal of International Law* (2013), S. 348–391, http://bit.ly/1Jd6N39.

[17] McCants, William: *The ISIS Apocalypse. The History, Strategy, and Doomsday Vision of the Islamic State*, St. Martin's Press Palgrave Macmillan: New York 2015.

[18] Crawford, N. C.: «War-related Death, Injury, and Displacement in Afghanistan and Pakistan 2001–2014», Boston University, 22. Mai 2015, http://bit.ly/1PCl6yq.

[19] Dowling, T. C. (Hrsg): *Russia at War. From the Mongol Conquest to Afghanistan, Chechnya, and Beyond*, ABC-CLIO: Santa Barbara, CA 2014. 2 Bde., http://bit.ly/1Ji5sYO.

[20] Chivers, C.J.,: «The Secret Casualties of Iraq's Abandoned Chemical Weapons», in: «New York Times», 14. Oktober 2014. Verfügbar unter: http://nyti.ms/1EVJYeW.

[21] «Conclusions of the Committee of Inquiry on Iraq», Ständige Vertre-

tung des Königreichs der Vereinigten Niederlande bei den Vereinten Nationen, http://www.bit.ly/1h0eSdZ

22 «The Iraq Liberation Act of 1998», H.R.4655, http://1.usa.gov/1SGm52w.

23 Pillar, Paul R.: «Intelligence, Policy, and the War in Iraq», in: «Foreign Affairs», Bd. 85, Nr. 2, S. 15–27. Verfügbar unter: http://bit.ly/1PtSlD3.

24 Siehe das Kapitel «FREIHEIT / Warum brachte das feste Vertrauen in die Aussagen der Bibel Freiheit?» in meinem Buch: *Das Buch der Mitte. Wie wir wurden, was wir sind: die Bibel als Herzstück der westlichen Kultur*, Fontis: Basel 2014.

25 Stathis, G. Michael: «ISIS, Syria, and Iraq: The Beginning of a Fourth Gulf War?», in: «Critical Issues in Justice and Politics», Bd. 8, Nr. 1, Mai 2015, ISSN 1940–3186, S. 1–20.

26 McCants, William: *The Believer. How an Introvert with a Passion for Religion and Soccer Became Abu Bakr al-Baghdadi, Leader of the Islamic State*, Brookings Institution Press: Washington, D. C. 2015.

27 «The Post's View: Mr. Erdogan's Offensive», in: «The Washington Post», 10. Januar 2016. Verfügbar unter: http://wapo.st/1RGFHTr.

28 Weitere Einzelheiten im Kapitel über Wissenschaft in: *Das Buch der Mitte.*

29 Näheres über den Aufstieg und Niedergang der westlichen Idee der Menschenwürde in den Kapiteln 4 und 5 in: *Das Buch der Mitte.*

30 Townsend, Mark: «Sheikh Nimr al-Nimr: Shia cleric was a thorn in Saudi regime's side», in: «The Guardian», 2. Januar 2016. Verfügbar unter: http://bit.ly/22Hpfr6.

31 Spencer, Richard: «Saudi Arabia Is Building A 600-Mile ‹Great Wall› To Shield Itself From ISIS», in: «The Telegraph», 14. Januar 2015. Verfügbar unter: http://read.bi/1Z1t8CO.

32 Fatwa 64, Committee of Research and Fatwas: Islamic State, 29. Januar 2015. Verfügbar unter: http://graphics.thomsonreuters.com/doc/slaves_fatwa.pdf.

33 Jay, Alexis: «Independent Inquiry Into Child Sexual Exploitation in Rotherham. 1997–2013», Rotherham Metropolitan Borough Council, 21. August 2014. Verfügbar unter: http://bit.ly/1TLBgG0.

34 Baumgärtner, Maik et al.: «Chaos and Violence: How New Year's Eve in Cologne Has Changed Germany», in: «Der Spiegel Online International», 8. Januar 2016. Verfügbar unter: http://bit.ly/1Jzh8qm.

35 Offener Brief an al-Baghdadi, Abschnitt 11. Verfügbar unter: http://www.lettertobaghdadi.com.

36 Feldner,Y.: «‹72 Black Eyed Virgins›. A Muslim Debate on the Rewards of Martyrs», in: *Inquiry & Analysis Series Report No. 74*, MAMRE Institute, 31. Oktober 2001. Verfügbar unter: http://bit.ly/1Rm6iVD.

37 Mehr zu diesem Thema in Kapitel 15: «FAMILIE / *Warum hat Amerika Europa überholt?*», in: *Das Buch der Mitte.*

38 Mangalwadi, Vishal: *Truth and Transformation. A Manifesto for Ailing Nations*, YWAM: Seattle 2011.

39 Abdel-Malek, K., und El Kahla, M. (Hrsg.): *America in an Arab Mirror. Images of America in Arabic Travel Literature, 1668 to 9/11 and Beyond*, Palgrave Macmillan: Basingstoke 2011, S. 22.

40 Sahih al-Bukhari, Bd. 8, Buch 73, Nr. 174.

41 Arlandson, J.: «Insulting Muhammad: Free speech, and death in Islam», in: «American Thinker», 16. Juli 2005. Verfügbar unter: http://bit.ly/1VO9Dxk.

42 Siehe das Kapitel «EINE REVOLUTION KOMMT IN GANG / *Warum veränderten Bibelübersetzer die Welt?*» In: *Das Buch der Mitte.*

43 Offenbarung 20,11–15.

44 McCarthy, Niaill: «The War On Terror Has Cost Taxpayers $1.7 Trillion», in: «Forbes», 3. Februar 2015; Crawford, N. C.: «U.S. Costs of Wars Through 2014: $4.4 Trillion and Counting», Universität Boston 2014.

45 Mohammad Mossadegh war seit 1951 der demokratisch gewählte Premierminister des Iran. Wegen seiner Pläne, die iranischen Ölvorkommen zu verstaatlichen, machte er sich bei den Briten rasch unbeliebt.

1953 inszenierte der britische Geheimdienst mithilfe der CIA einen Militärputsch gegen Mossadegh (unter dem Codenamen Operation Ajax), der schließlich zum Sturz des Staatsoberhauptes führte und alle iranischen Hoffnungen auf eine Demokratie zerschlug. Siehe https://de.wikipedia.org/wiki/Mohammad_Mossadegh.

[46] Courtois, S., & Kramer, M. (1999): *The Black Book of Communism. Crimes, Terror, Repression.* Harvard University Press: Boston 1997.

[47] Gonzalez, Nathan: *The Sunni-Shia Conflict. Understanding Sectarian Violence in the Middle East,* Mission Viejo, Ca: Nortia Press, 2009.

[48] Die amerikanische Unabhängigkeitserklärung von 1776. Verfügbar unter: http://1.usa.gov/1gpivYT.

[49] Johnson, T.: *Christianity in its Global Context, 1970–2020. Society, religion, and mission,* Southhampton, MA: Center for the Global Study of Christianity, Juni 2013. Verfügbar unter: http://bit.ly/1qPzRAZ.

[50] Ellul, Jacques: *Subversion of Christianity,* Eerdmans: Grand Rapids 1986, Kapitel 5.

[51] Siehe www.virtuescampus.com.

[52] Unter https://youtu.be/aKJX7uf8M34. Siehe QR-Code unten!